하늘 소명

하나님을 향한 하루 묵상

하늘 소명

채의숭
김효신
채 란

지음

벗나래

아름다운 꿈과 비전의 힘

꿈과 비전! 참으로 아름답고 매력적인 말이다. 그렇다면《성경》에 나타난 꿈과 비전의 대표적인 인물은 누구일까? 아브라함, 이삭, 야곱, 요셉은 참으로 닮고 싶은 믿음의 가문, 믿음의 선진들이다. 모세의 후계자 여호수아, 헤브론을 차지한 갈렙, 골리앗과 싸워 이긴 다윗, 바벨론에 포로로 끌려가 총리가 된 다니엘도 결코 빼놓을 수 없다. 하나님께서는 어떻게 이들에게 저런 용기를 주시고, 저렇게 귀히 쓰셨을까?

하나님과 마음이 합한 성군 다윗, 이 세상 그 무엇보다도 듣는 마음을 구한 지혜의 왕 솔로몬은 모두 애정이 가는 하나님의 귀한 종들이다. 또한 우리 성도들에게 금처럼, 은처럼 다가오는 전도와 선교를 행한 베드로와 사도 바울은 솔로몬 성전의 야긴과 보아스처럼, 신약의 두 기둥이다. 나는 이들의 이름을 부를 때마다 가슴이 설레고 자랑스러우면서도 신비로워 닮고 싶다는 마음이 든다. 물론 제일 닮고 싶은 분은 예수님이시다.

16세까지 나는 평범하고 내세울 것 없이 주일학교를 꼬박꼬박 다니던 보통의 시골 학생이었다. 그러던 17세 고교 2학년 어느 날, 주일 오전 11시 예배에 참석했던 나는 고원희 담임목사님의 '꿈과 비전을 가지라'는 설교에 깊은 믿음을 가지게 되었다. 그리고 '나 같은 시골 학생도 꿈과 비전을 가질 수 있나?'라는 생각을 하게 되었다.

당시 나는 너무나 가난해서 대학에 갈 수 없었다. 초등학교 5학년 때 비극의 6·25 사변으로 10개월을 남쪽으로 피난했고, 그곳에 중학교가 생기는 바람에 팔자에도 없는 중학교에 입학했다. 그리고 곧이어 새로 생긴 대천농업고등학교에 입학할 수 있었다. 정말 보잘것없고 내세울 것 없는 농업고등학교 2학년생에게 고원희 담임목사님의 '꿈과 비전을 가지라'는 설교는 내 인생에 가장 귀하고, 내 삶을 바꾸는 대사건으로 성령님은 역사하셨다.

그 당시 나는 '나 같은 시골 학생에게 꿈을 가지라고? 나는 아닌데요'라고 혼자 중얼거리며 오전 11시 예배를 마쳤다. 그리고 떨리는 마음으로 3km 떨어진 시골집을 향해 걷기 시작했다. 그런데 정작 나는 집에 도착한 것이 아니라 집에서 400m쯤 떨어진 공동묘지에 와 있는 것이 아닌가.

'아! 이상하다.'

나는 이전에 공동묘지에 가본 적이 한 번도 없었다. 비가 부슬부슬 오는 한밤중이면 도깨비가 나온다는 곳이었기 때문이다. 그런 공동묘지에 내가 와 있다니 믿어지지 않았다. 이른 봄이라 거기에는 진달래, 철쭉, 할미꽃이 소담스럽게 피어 있었다. 그 신비한 모습에 나는 두 무릎을 꿇고 기도를 하기 시작했다.

"너는 내게 부르짖으라 내가 네게 응답하겠고 네가 알지 못하는 크고 은밀한 일을 네게 보이리라 렘 33:3"

뒤이어 나는 "하나님, 저같이 부족한 사람도 꿈을 가질 수 있나요? 저에게 꿈을 주세요, 주세요!"라며 계속해서 열심히 기도했다.

이후 나에게는 3가지 꿈이 생겼다. 첫 번째는 박사 학위를 따서 교수가 되는 것, 두 번째는 큰 회사의 사장이 되는 것, 세 번째는 전 세계의 가난하고 억눌리고 예수님 얘기를 하면 손이 잘리고 발이 잘리는 곳에 100개의 교회와 학교를 세우는 것이었다.

그 당시 너무 가난해서 점심도 끼니를 잇기가 힘든 시절에 이 3가지 꿈은 그야말로 허황된 것이었다. 그러나 하나님께서는 나의 이 꿈을 듣고 계셨다. 그리고 그 후 60년간 나에게 크게 역사하셨다. 결론부터 말하면, 17살 때의 그 기도가 75세 때까지 모두 다 이루어졌다. 할렐루야!

첫 번째 꿈은 하나만 이루어진 것이 아니었다. 경제학, 경영학, 선교학 분야까지 모두 3개나 박사 학위를 받음으로써 이루어졌다. 두 번째 꿈은 20년 동안 삼성그룹, 대우그룹을 거쳐 대우America 사장이 되고 나서 퇴직 후 회사를 창업해 국내 6개, 해외 6개, 도합 12개 회사의 회장이 됨으로써 이루어졌다. 세 번째 꿈은 스리랑카의 즈바나디야 교회를 시작으로 세계 39개 나라에 118개가 넘는 교회와 학교를 건축함으로써 이루어졌다. 그저 하나님의 놀라운 은혜에 감사할 뿐이다.

어느덧 내 나이 여든 넷이 되었다. 일흔 다섯 이후 모든 것을 이루었으니 편히 쉬어야겠다고 생각했다. 그런데 76세 때 기도하다가 하나님의 잔잔한 음성을 듣게 되었다.

"또 다른 100개의 교회를 세우라."

그 말에 나는 가진 것을 모두 털어 9년 전에 재단법인 대의미션을 만들고, 또 다른 100개의 교회를 짓기 시작했다. 118번째 교회를 이번에는 미얀마에 세우고 있다. 그리고 하나님과 우리 예수님께 이렇게 서원 기도를 드리고 있다.

"첫째, 재단법인 대의미션으로 제가 또 다른 100개 교회와 학교를 짓고, 이어서 후손들이 1,000개까지 세울 수 있도록 해주세요. 둘째, 재단법인 대의미션을 통해 세운 교회들이 전도하여 전 세계에 1,000개의 교회와 학교를 세우게 해주세요. 셋째, 100세까지 건강과 더불어 새로 세울 교회를 위한 재정적인 축복도 허락해 주세요."

살아 계신 성부 성자 성령 하나님, 그렇게 축복해 주시리라 확실히 믿습니다. 아멘.

- 살아생전 2023년 가을에

재단법인 대의미션 초대 이사장 채의숭

일상이 하나님의 꿈과 비전이길

봄이다. 추운 겨울 언 땅을 비집고 잔디 사이로 파릇한 기운이 올라와 설레게 한다. 작년 여름, 무성한 풀이 올라왔을 때는 풀을 뽑느라 애를 먹었는데, 봄이 되니 백일홍도 기다려지고, 철쭉도 기다려진다.

매일 뽑아도 뽑아도 올라오는 잡초는 말릴 수가 없다. 세상에서는 클로버를 행운이 온다고 좋아하는데, 우리 정원에서는 뽑아줘야 할 풀, 잡초에 속한다. 누구에게는 행운이 되지만, 누구에게는 정원을 망치는 한낱 풀이 된다. 이렇듯, 삶의 가치와 세계관이 달라지면 클로비는 금세 잡초가 되어 버린다. 마찬가지로 세상의 꿈, 비전도 하나님 나라에서는 한낱 풀과 같고, 무가치한 허망한 일이 될 수가 있다. 반면에 하나님께로부터 온 꿈과 비전은 영원한 가치를 지닌다. 이 책을 여는 순간 영의 눈이 열리길 소망하며, 모든 이들이 하나님의 꿈과 비전을 다운로드받아 그 일들을 이루기 위해 매일매일 멋진 인생을 그려 나갔으면 하고 조용히 손을 모아본다.

- 채의숭 목사님 1주기를 맞아

재단법인 대의미션 이사장 채란

하나님을 향한 영적 갈구와
실천적 삶을 향하여

(사)사랑의쌀나눔운동본부중앙회 이사장
이선구 목사

우리 속담에 "고기도 먹어본 사람이 잘 먹는다"라는 말이 있다. 늘 고기를 먹던 사람이 더 잘 먹고, 먹지 않던 사람은 속이 느끼해서 못 먹는다는 말이다. 채의숭 목사님은 성공한 경영인으로, 그의 평생 진정한 목적은 나눔과 선교에 있었다. 그는 평생 기도 서원이던 '세계 100개 교회와 학교 건립'을 이루고자 40여 개국에 120개 이상의 교회와 학교를 세웠으며, 자신의 전 재산을 출연해 재단법인 대의미션을 설립하여 그 비전을 이어갔다. 그는 매일 새벽 1시간 40분씩 기도하며 "모든 기도가 응답받았다"고 고백했다. 살아 있는 신앙의 증거 그 자체였다. 이 책은 이러한 채의숭 목사님의 깊은 영적 여정의 정수를 담아낸 유작이다.

채의숭 목사님의 탁월한 사업적 성공과 깊은 영적 헌신을 조화롭게 이뤄낸 그의 마지막 유작인 《하늘 소명》은 그래서 특별하다. 그는 '주께 하듯 하라'는 신앙적 원칙을 사업과 삶의 모든 영역에 적용하여 대의그룹을 세계적인 기업으로 성장시켰다. 이제는 이 책《하늘 소명》이 한국 교회와 성도들에게 큰 도전을 줄 것으로 확신한다. 이 책은 하나님과 친밀한 관계를 맺는 데 어려움을 겪는 현대인들의 영적 갈증에 실천적 응답을 제공할 것이다. 채의숭 목사님께서 직접 실천했던 '매일 기도Daily Prayer'의 중요성을 강조하며, 독자들이 하나님의 음성을 경청하는 영적 근육을 키우고 흔들림 없는 평안을 얻도록 안내할 것이다.

끝으로 이 책은 단순한 묵상집을 넘어, 채의숭 목사님의 성공적인 삶을 가능하게 했던 영적 비밀을 나누는 귀한 유산이다. 사업 위기를 극복하고 세계적 선교 비전을 이룰 수 있었던 힘이 바로 이 책이 제시하는 '정서적으로 건강한 영성'에 있었음을 보여준다. 《하늘 소명》이 삶의 모든 영역에서 자신만의 소명을 발견하고, 하나님과 동행하는 삶을 살고자 소망하며, 진정한 성공을 꿈꾸는 모든 사람에게 깊은 울림과 실질적인 도움을 되기를 기도한다.

제2장 푸른 초장과 쉴 만한 물가

제4장 또 다른 100개의 교회를

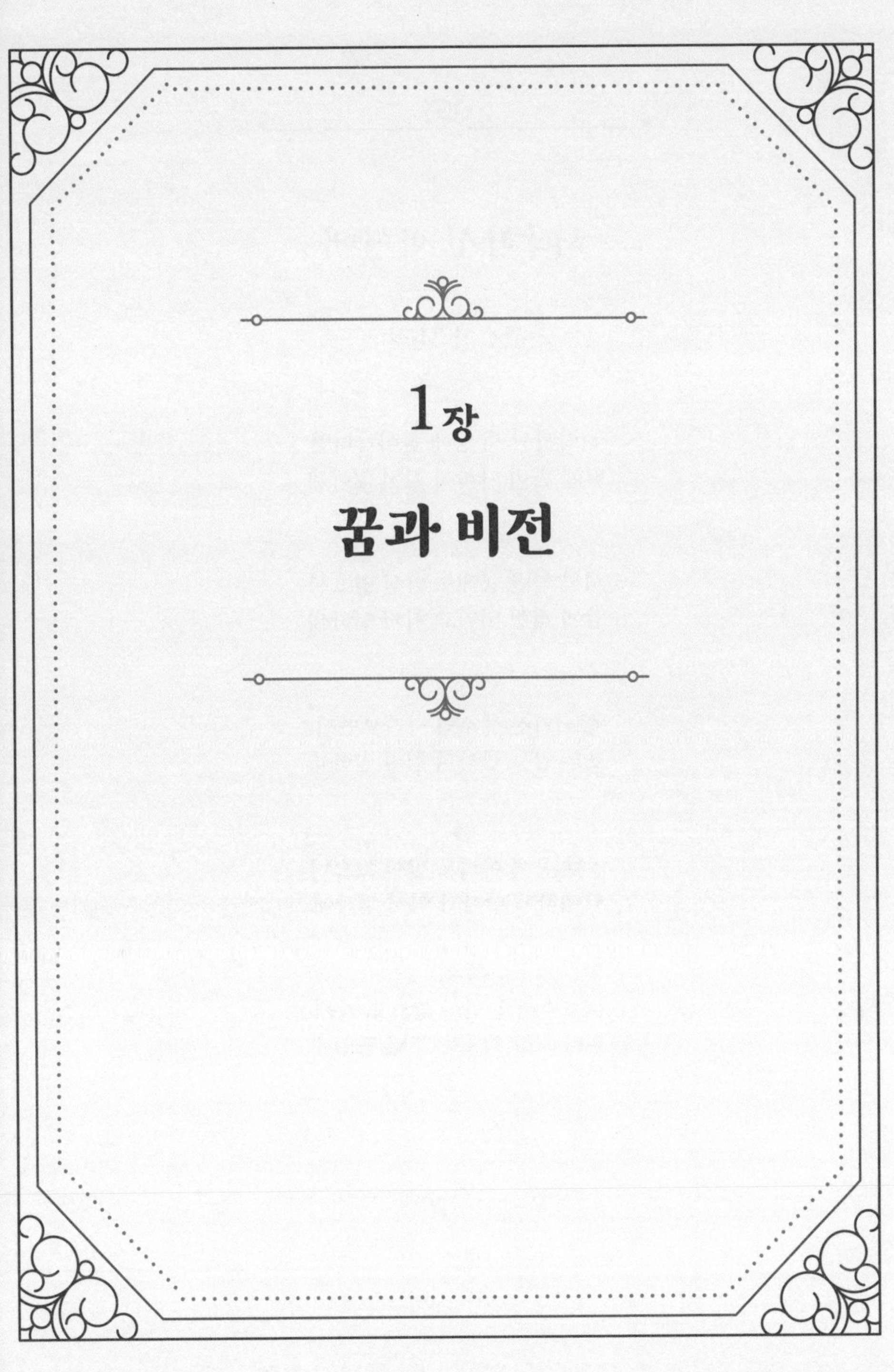

1장

꿈과 비전

허락하신 새 땅에

- 찬송가 347장 -

1.
허락하신 새 땅에 들어가려면
맘에 준비 다하여 힘써 일하세

2.
시험 환난 당해도 낙심 말고서
맘에 걱정 버리고 힘써 일하세

3.
앞서가신 예수님 바라보면서
모두 맘을 합하여 힘써 일하세

4.
일할 곳이 아직도 많이 있으니
담대하게 나가서 힘써 일하세

〈후렴〉
여호수아 본받아 앞으로 가세
우리 거할 처소는 주님 품일세

부르심을 받은 사람들

그리스도 대속의 은혜를 입은 자들에게 주는 영적 축복이 밝게 선포되고 있다.

> **롬 1:7** 로마에서 하나님의 사랑하심을 받고 성도로 부르심을 받은 모든 자에게 하나님 우리 아버지와 주 예수 그리스도로부터 은혜와 평강이 있기를 원하노라
>
> **막 10:45** 인자가 온 것은 섬김을 받으려 함이 아니라 도리어 섬기려 하고 자기 목숨을 많은 사람의 대속물로 주려 함이니라

1. 여호와께 부르심을 받은 사람들

하나님께 부르심을 받은 사람들은 축복받은 백성이므로, 그에 합당한 생활과 거룩한 예배를 드려야 한다. 우리는 참으로 하나님께 부르심을 받은 복된 사람들이요, 거룩한 백성이란 점에 너무나 감사하고 눈물 나게 감격스럽다.

> **벧전 2:9** 그러나 너희는 택하신 족속이요 왕 같은 제사장들이요 거룩한 나라요 그의 소유가 된 백성이니 이는 너희를 어두운 데서 불러 내어 그의 기이한 빛에 들어가게 하신 이의 아름다운 덕을 선포하게 하

2. 이스라엘 백성에게 주신 은혜

하나님과의 만남, 하나됨인 예배는 죄인들에게 주는 축복의 영원한 기념비다. 하나님께서는 거룩하신 하나님을 만나는 예배^{제사}가 중요했다. 또한 이스라엘 백성에게 가르칠 그분의 계명이 필요했다. 그래서 출애굽 후 모세를 거룩한 산으로 부르셔서 친히 쓰신 두 돌판, 십계명을 주시고 613개의 율법을 주셨다.

3. 부르심의 소망

누구나 주를 만나는 것이 아니다. 아브라함, 이삭, 야곱, 요셉과 같은 믿음으로 의롭다 함을 입은 자녀들이다. 또한 어린 양 예수 그리스도가 흘린 권능의 피로써 대속함을 얻고 구원을 받은 자들이다. 그들은 십자가에서 흘리신 예수 그리스도의 속죄의 피가 얼마나 소중한지 말씀을 통하여 경험하게 된다

그들은 주님을 만나면 부르심을 받게 된다. 부르심의 소망을 가진 자들은 반드시 하나님의 부르심에 응답한 선별자여야 한다. 따라서 우리는 이 땅에 부르심의 소망을 이루기 위해 부르심을 받는 일이 무엇인지 알아야 하며, 주어진 그 일을 각자 합당하게 행해야 한다.

롬 1:1 예수 그리스도의 종 바울은 사도로 부르심을 받아 하나님의 복음을 위하여 택정함을 입었으니

롬 1:6 너희도 그들 중에서 예수 그리스도의 것으로 부르심을 받은 자니라

엡 1:18 너희 마음의 눈을 밝히사 그의 부르심의 소망이 무엇이며 성도 안에서 그 기업의 영광의 풍성함이 무엇이며

롬 8:28 우리가 알거니와 하나님을 사랑하는 자 곧 그의 뜻대로 부르심을 입은 자들에게는 모든 것이 합력하여 선을 이루느니라

하나님께 소망을

내 안_영에 소망이 있는가? 누구에게서 비롯된 것인가? 내 안_영에 천국 소망이 있는가? 내 인생의 종착역은 천국 본향이다. 천국 소 망은 세상의 소망과 다르다. 하늘로부터, 하나님께로부터 다운로 드된 소망, 소명이다. 그분의 꿈이자 비전이다.

1. 소망 중에 하나님께서 함께하심

하나님은 자기에게 소망을 두는 사람과 함께하시되, 세상 끝날 때까지 항상 그리하신다. 하나님께서 함께하시는 삶이야말로 위대 한 삶이요, 소망하는 삶이며, 승리하는 삶이다. 이러한 삶은 아무 에게나 임하는 것이 아니다. 오직 어린 양의 피로 생명을 얻은 자, 예수로 변화된 자, 제자된 자만이 누리는 특권이다. 하나님께 소망 을 두는 삶은 하나님께 피하고, 하나님께 소유를 드리며, 하나님과 동행하는 삶이다.

나는 아침 일어나자마자 하나님 아버지께 기도하고 찬송한다. 적어도 10분~15분 동안 기도하고, 좋아하는 찬송 '기쁘다 구주 오셨네'를 시작으로 20곡을 눈감고 읊조린다. 그리고 성령님을 만난 후 하루 일과를 시작한다.

2. 주를 의지함

기도하고 찬송하면 하나님께서는 우리의 인도자가 되신다. 할렐루야! 동트는 새벽에 우리를 인도하시고, 캄캄한 밤에 우리 앞을 비춰주는 등불처럼 우리의 길을 밝히 인도해 주신다. 우리는 하나님의 인도하심에 자신을 맡기고 나아가면 된다. 그러면 우리는 앞을 가로막는 어떤 난관이나 어려움도 평지를 달리듯 막힘없이 달릴 수 있다. 우리 앞에 놓인 환경이 문제가 아니고 주께 의지하지 않음이 문제다.

3. 하나님께 피함

우리가 환난이나 어려움을 당하면 안전하게 숨을 수 있는 피난처는 이 세계 가운데 오직 하나님 한 분뿐이다. 그분은 당신을 신뢰하는 모든 사람에게 견고한 보장_{요새, Stronghold}이 되어 주시기 때문에, 그리로 피하면 숨은 자는 절대 부끄러움이나 해를 당하지 않게 된다. 다윗이 하나님께 피하여 숨은 것도 바로 이 때문이다. 잠잠히 주님을 기다려라. 이때가 하나님께 소망을 옮길 때다.

시 16:1 하나님이여 나를 지켜 주소서 내가 주께 피하나이다

시 62:5 나의 영혼아 잠잠히 하나님만 바라라 무릇 나의 소망이 그로부터 나오는도다

영광스런 소망

사람은 누구나 어제보다 오늘, 오늘보다 내일 나아지리라는 소망과 기대 속에 산다. 사도 바울도 땅 위의 소망보다는 내세의 소망

을 더욱 강하게 말하고 있음을 보게 된다. 우리의 시민권은 하늘에 있다.

1. 소망 없는 세상

실제로 이 세상은 탄식으로 점철되어 있다. 왜 탄식할 수밖에 없는가.

첫째, 죄와 계속 싸워야 하며, 좋지 않은 환경 속에서 고난을 당해야 하기 때문이다. 둘째, 허무한 데 굴복하기 때문이다. 인간이 땅 위세상에서 가질 수 있는 소망, 즉 재물, 지식, 권세, 자녀, 명예 등에 눈을 돌려 취해 있기 때문에 이 모습을 보면서 탄식할 수밖에 없다.

2. 우리의 소망

이러한 탄식 속에서 우리에게 소망이 있음은, 주님이 쓰시면 영광스러운 몸으로 변화하고 하나님의 아름다움을 보며 기쁜 새 노래로 즐거워하기 때문이다. 그러므로 우리는 오늘 우리에게 있는 가난, 질병, 실패, 슬픔 속에서도 주님의 날을 기다리며 하늘로부터 오는 의의 옷을 덧입고 기다려야 한다. 세상의 헛된 욕망에 소망을 두지 말고, 새 하늘과 새 땅에 소망을 두고 주님을 맞이할 준비하는 삶을 살아야 한다. 우리에게는 영광스러운 소망이 있기에, 세상에 보이는 것에 소망을 두지 말고 영광스러운 날을 위해 준비해야 한다.

시 146:5 야곱의 하나님을 자기의 도움으로 삼으며 여호와 자기 하나님에게 자기의 소망을 두는 자는 복이 있도다

고후 5:2 참으로 우리가 여기 있어 탄식하며 하늘로부터 오는 우리 처소로 덧입기를 간절히 사모하노라

예수 안에서 보배롭고 존귀한 사람

어떤 이가 예수 안에서 보배롭고 존귀한 사람이 될까? 세상에서의 존귀함은 그 사람의 지위나 신분이 높고 귀함을 뜻한다. 하지만 하나님께서는 존귀한 사람에 대해 다음과 같이 몇 가지 기준을 두셨다.

> **사 43:1** 야곱아 너를 창조하신 여호와께서 지금 말씀하시느니라 이스라엘아 너를 지으신 이가 말씀하시느니라 너는 두려워하지 말라 내가 너를 구속하였고 내가 너를 지명하여 불렀나니 너는 내 것이라
>
> **사 43:4** 네가 내 눈에 보배롭고 존귀하며 내가 너를 사랑하였은즉 내가 네 대신 사람들을 내어 주며 백성들이 네 생명을 대신하리니

1. 택하심을 입은 자

예수 안에 있는 자들은 하나님의 택하심을 입은 자들이다. 우리가 하나님을 택한 것이 아니라 그분이 우리를 택하여 세우셨다. 자격이 있어 택하신 것이 아니라, 그분이 죄인이었던 우리를 택하셨다. 얼마나 감사한가.

우리의 지위와 신분은 하나님 아버지의 자녀요, 왕같은 제사장이다. 하나님께서 우리를 택하신 이유는 우리가 가서 열매를 맺게 하고, 우리 열매가 항상 있게 하여 하나님 아버지께 무엇을 구하

든지 다 받게 하려 하심이다. 이것이 택하심을 입은 자의 권리이
자 의무이다.

> **요15:16** 너희가 나를 택한 것이 아니요 내가 너희를 택하여 세웠나니
> 이는 너희로 가서 열매를 맺게 하고 또 너희 열매가 항상 있게 하여
> 내 이름으로 아버지께 무엇을 구하든지 다 받게 하려 함이라
> **히 5:4** 이 존귀는 아무도 스스로 취하지 못하고 오직 아론과 같이 하
> 나님의 부르심을 받은 자라야 할 것이니라

2. 참으로 사랑받는 자

예수 안에 있는 자들은 참으로 하나님의 사랑을 받는 자들이다.
그분이 우리를 사랑하시면 두려움과 형벌은 내쫓긴다. 아무도 우
리를 두렵게 하지 못하며, 우리의 삶은 형통하게 된다. 우주와 만
물의 전체 통치권자로부터 참으로 사랑받는 자가 된다는 것은 얼
마나 귀한 일인가. 우리는 아주 귀하고 소중한 하나님의 보배들이
다. 스스로 생각해 보라! 어리석은 자들은 귀한 것을 버리고 세상
과 짝하며 산다.

> **신 26:18** 여호와께서도 네게 말씀하신 대로 오늘 너를 그의 보배로
> 운 백성이 되게 하시고 그의 모든 명령을 지키라 확언하셨느니라

> **잠 20:15** 세상에 금도 있고 진주도 많거니와 지혜로운 입술이 더욱 귀한 보배니라
>
> **요일 4:18** 사랑 안에 두려움이 없고 온전한 사랑이 두려움을 내쫓나니 두려움에는 형벌이 있음이라 두려워하는 자는 사랑 안에서 온전히 이루지 못하였느니라

3. 은혜와 긍휼, 평강 안에 거하는 자

사람은 누구나 존귀하고, 복된 삶을 누리기를 원한다. 세상에서 존귀함을 받는 사람과 예수 안에서 보배롭고 존귀함을 받는 사람은 다르다. 예수 안에 있는 자는 늘 주의 은혜와 긍휼, 평강이 함께한다. 은혜 안에 거하는 자는 복이 있다. 하나님의 긍휼과 평강 안에 거하는 자는 복이 있다. 이 복됨은 이 세상의 존귀나 보물이나 많은 소유에 비교될 수 없다. 성도들의 존귀는 이처럼 귀하고 값진 것이다. 우리는 예수 안에서 보배롭고 존귀한 사람이 되었는가?

> **대상 17:17** 하나님이여 주께서 이것을 오히려 작게 여기시고 또 종의 집에 대하여 먼 장래까지 말씀하셨사오니 여호와 하나님이여 나를 존귀한 자들 같이 여기셨나이다
>
> **대상 17:27** 이제 주께서 종의 왕조에 복을 주사 주 앞에 영원히 두시기를 기뻐하시나이다 여호와여 주께서 복을 주셨사오니 이 복을 영

원히 누리리이다 하니라

요이 1:3 은혜와 긍휼과 평강이 하나님 아버지와 아버지의 아들 예수 그리스도께로부터 진리와 사랑 가운데서 우리와 함께 있으리라

롬 2:10 선을 행하는 각 사람에게는 영광과 존귀와 평강이 있으리니 먼저는 유대인에게요 그리고 헬라인에게라

4. 그의 은혜의 영광을 찬송하는 자

우리가 태어난 이유, 이 땅에서 살아가는 이유는 하나님 은혜의 영광을 찬송하게 하려 하심이다. 이것은 예수 안에서 보배롭고 존귀한 자의 특권이자 의무이다. 하나님은 이러한 자를 영화와 존귀로 관을 씌우시며 그리스도의 신부의 옷을 입히신다시 8:5.

엡 1:5~6 그 기쁘신 뜻대로 우리를 예정하사 예수 그리스도로 말미암아 자기의 아들들이 되게 하셨으니 이는 그가 사랑하시는 자 안에서 우리에게 거저 주시는 바 그의 은혜의 영광을 찬송하게 하려는 것이라

5. 존귀한 일을 계획하는 자

선한 일을 행하며 존귀한 일을 계획하고 도모하는 자는 복이 있다. 이에 겸손과 믿음을 더하면 금상첨화요, 아로새긴 은쟁반에 금

사과일 것이다.

축복의 자화상

유대인은 세계 인구의 0.25%, 미국 인구의 3%에 불과하다. 하지만 지금까지 노벨상의 27%, 세계 50대 억만장자 순위에 무려 10명의 이름을 올렸다. 이렇듯 유대인은 미국뿐 아니라 전 세계의 각 분야에서 활약하며 막강한 영향력을 발휘하고 있다.

유대인의 성공 비결이 그들의 교육관에 기인한다고 말한다. 유대인은 5천 년 동안이나 온갖 고난을 당했다. 유대인의 교육은 조상

대대로 전승되어 온 '모세오경'이라고 하는 《토라》가 기본이 된다. 그 중심에는 신명기 6장 4절로 시작하는 쉐마의 말씀이 있다.

1. 쉐마 히, 들으라

여호와의 종 모세가 죽은 후, 여호와께서는 모세의 수종자 눈의 아들 여호수아에게 "이 율법책을 네 입에서 떠나지 말게 하며 주야로 그것을 묵상하여 그 안에 기록된 대로 다 지켜 행하라 그리하면 네 길이 평탄하게 될 것이며 네가 형통하리라 수 1:8"고 말씀하셨다. 《성경》은 마땅히 사람이 가야 할 길과 지혜를 가르쳐 준다. 그리고 《성경》의 진리는 오늘을 사는 우리에게도 여전히 유효하다. 이것이 바로 우리가 《성경》을 뜻을 음미하면서 읽어야 읊조려야 할 이유인 것이다.

2. 소피아 헬, 지혜

"마땅히 행할 길을 아이에게 가르치라 그리하면 늙어도 그것을 떠나지 아니하리라 잠 22:6"《성경》 중 〈잠언〉에는 내가 평생 동안 읽고 실천하려고 노력했던 주옥같은 말씀이 많이 담겨 있다. 지금도 매일 하루 한 번씩은 읽는다.《성경》 말씀을 읽고 또 읽으라. 그 말씀을 따라 우리 모두가 하나님 사랑과 이웃 사랑을 실천하는 주님의 복되고 귀한 자녀가 되기를 간절히 기원한다.

주의 백성의 의무

우리는 모두 하나님 나라의 백성이다. "너는 네 하나님 여호와의 성민이라 여호와께서 지상 만민 중에서 너를 택하여 자기 기업의 백성으로 삼으셨느니라 _{신 14:2}.” 그러니 하나님의 백성으로서 어디에서 살든지 지키고 따라야 할 의무가 있다. 그 의무를 요약하면 다음과 같다.

1. 구별된 삶을 살아야 한다

성도의 삶은 거룩하게 구별된 삶이며, 환경을 변화시키고 영향을 주는 삶이 되어야 한다.

2. 분별된 삶을 살아야 한다

그리스도인들은 육신의 편리나 안락을 위해 세상과 손잡고 풍조를 따르거나 환경과 타협하는 일이 있어서는 안 된다.

3. 복과 은혜를 나누고 누리며 살아야 한다

주의 율법은 의무이자, 복이요, 권리이자, 은혜다. 우리는 이를 힘써 지켜야 한다.

생명과 공의와 영광

《성경》은 우리 믿는 자들의 관심 대상인 생명과 공의와 영광에 대해 다음과 같은 교훈을 준다. 이것들을 얻는 비결, 비밀은 겸손과 여호와를 경외하는 것이다.

1. 주님의 것이다

주님은 스스로 속이지 말라고 하셨다. 곧 속이는 일, 불의와 죄에는 생명이 없고, 하나님의 공의가 소멸되며, 영광이 쇠퇴하고 만다. 그리고 예수님은 "나는 길이요. 진리요. 생명이다요 14:6" 라고 하셨다. 부활은 영원한 생명을 말한다. 그리스도의 십자가 지심은 공의를 위한 대속이요, 승천은 주님의 영광을 재현하기 위함이다. 십자가에서의 죽음을 이기고 부활의 영광 가운데 하늘로 승천하신 예수님은 하늘에서 우리에게 성령을 부어주셨다. 생명과 공의와 영광, 이것들은 모두 하나님 나라에서 온 주님의 것이다.

2. 성경적이다

《성경》은 곧 삶의 신실과 영원한 생명에 대한 비전을 기록한 말씀이다. 또한. 진리의 영_{요 14:17}이신 성령으로 말미암아 계시를 나타내신 것이다. 만일 이 계시 속에 생명과 공의와 영광이 소멸되어진다면, 기독교는 존재하지 못했을 것이다. 그 속에는 그리스도의 십자가 사랑이 있기에 모두에게 공의가 나타나게 되는 것이다. 사랑과 공의와 진리_{성경}는 불가분의 관계에 있다.

> **요 5:39** 너희가 성경에서 영생을 얻는 줄 생각하고 성경을 연구하거니와 이 성경이 곧 내게 대하여 증언하는 것이니라
>
> **롬 15:4** 무엇이든지 전에 기록된 바는 우리의 교훈을 위하여 기록된 것이니 우리로 하여금 인내로 또는 성경의 위로로 소망을 가지게 함이니라
>
> **딤후 3:16~17** 모든 성경은 하나님의 감동으로 된 것으로 교훈과 책망과 바르게 함과 의로 교육하기에 유익하니 이는 하나님의 사람으로 온전하게 하며 모든 선한 일을 행할 능력을 갖추게 하려 함이라

3. 천국적이다

천국은 하나님 나라다. 이 나라는 성령으로 거듭나서 진리로 사는 성도들만이 들어간다. 이런 성도들에게는 하나님의 공의가 있

고, 그리스도의 영광이 표출된다. 삶에는 세상적인 삶과 천국적인 삶 두 가지가 있다. 후자에 속한 자는 반드시 영원한 생명이 보장된다. 그는 불의를 버리고 의를 선택했기 때문이다. 천국에 못 가면 지옥에 간다. 생명과 공의와 영광은 하나님 나라에 속한 것이며, 그리하여 주를 경외하고 하나님 나라 안에 거하는 인생만이 참된 최후의 승리자다.

눅 8:10 이르시되 하나님 나라의 비밀을 아는 것이 너희에게는 허락되었으나 다른 사람에게는 비유로 하나니 이는 그들로 보아도 보지 못하고 들어도 깨닫지 못하게 하려 함이라

눅 13:28 너희가 아브라함과 이삭과 야곱과 모든 선지자는 하나님 나라에 있고 오직 너희는 밖에 쫓겨난 것을 볼 때에 거기서 슬피 울며 이를 갈리라

행 1:3 그가 고난 받으신 후에 또한 그들에게 확실한 많은 증거로 친히 살아 계심을 나타내사 사십 일 동안 그들에게 보이시며 하나님 나라의 일을 말씀하시니라

고전 15:50 형제들아 내가 이것을 말하노니 혈과 육은 하나님 나라를 이어 받을 수 없고 또한 썩는 것은 썩지 아니하는 것을 유업으로 받지 못하느니라

힘써 싸워 이겨라

부르심을 받고 선한 증언을 하며 믿음의 선한 싸움을 한 하나님의 사람은 영생의 복락을 누리게 된다.

딤전 6:11~12 오직 너 하나님의 사람아 이것들을 피하고 의와 경건과 믿음과 사랑과 인내와 온유를 따르며 믿음의 선한 싸움을 싸우라 영생을 취하라 이를 위하여 네가 부르심을 받았고 많은 증인 앞에서 선한 증언을 하였도다

1. 순례자의 끝

우리는 주께서 만물을 새롭게 하시는 날을 향해 한 걸음씩 나아가고 있는 순례자다. 썩어 없어져 버릴 이 세상에 소망을 두고 살아가는 사람들이나 이 세상에 매달려 살아가는 사람들은 새로운 세계 새 예루살렘로 들어가는 것이 불가능하다.

딤전 6:17~19 네가 이 세대에서 부한 자들을 명하여 마음을 높이지 말고 정함이 없는 재물에 소망을 두지 말고 오직 우리에게 모든 것을 후히 주사 누리게 하시는 하나님께 두며 선을 행하고 선한 사업을 많이 하고 나누어 주기를 좋아하며 너그러운 자가 되게 하라

이것이 장래에 자기를 위하여 좋은 터를 쌓아 참된 생명을 취하는 것이니라

2. 주의 말씀을 힘써 지키고 행하면

우리 성도들은 《성경》에 대한 세인들의 관심과 관계없이 주의 약속들을 온전히 신뢰하고 합당하게 행하도록 힘써야 한다. 주께서 말씀하신 것은 힘써 지키되, 주께서 금하신 것은 멀리해야만 칭찬과 상급이 따른다.

계 21:23~27 그 성은 해나 달의 비침이 쓸 데 없으니 이는 하나님의 영광이 비치고 어린 양이 그 등불이 되심이라 만국이 그 빛 가운데로 다니고 땅의 왕들이 자기 영광을 가지고 그리로 들어가리라 낮에 성문들을 도무지 닫지 아니하리니 거기에는 밤이 없음이라 사람들이 만국의 영광과 존귀를 가지고 그리로 들어가겠고 무엇이든지 속된 것이나 가증한 일 또는 거짓말하는 자는 결코 그리로 들어가지 못하되 오직 어린 양의 생명책에 기록된 자들만 들어가리라

3. 이겨야 영원한 유업을 얻게 됨

악전고투의 쓰라린 경험 없이는 영생의 유업을 얻을 수 없다. 우

리는 옛것, 육체적 소욕, 불의의 마귀에 대항하여 힘써 싸워 이겨
야 한다.

고전 6:9~10 불의한 자가 하나님의 나라를 유업으로 받지 못할 줄을
알지 못하느냐 미혹을 받지 말라 음행하는 자나 우상 숭배하는 자나
간음하는 자나 탐색하는 자나 남색하는 자나 도적이나 탐욕을 부리
는 자나 술 취하는 자나 모욕하는 자나 속여 빼앗는 자들은 하나님
의 나라를 유업으로 받지 못하리라

계 2:11 귀 있는 자는 성령이 교회들에게 하시는 말씀을 들을지어다
이기는 자는 둘째 사망의 해를 받지 아니하리라

계 2:17 귀 있는 자는 성령이 교회들에게 하시는 말씀을 들을지어다
이기는 그에게는 내가 감추었던 만나를 주고 또 흰 돌을 줄 터인데 그 돌
위에 새 이름을 기록한 것이 있나니 받는 자 밖에는 그 이름을 알 사람
이 없느니라

계 2:26~28 이기는 자와 끝까지 내 일을 지키는 그에게 만국을 다스
리는 권세를 주리니 그가 철장을 가지고 그들을 다스려 질그릇 깨뜨
리는 것과 같이 하리라 나도 내 아버지께 받은 것이 그러하니라 내가
또 그에게 새벽 별을 주리라

계 3:5 이기는 자는 이와 같이 흰 옷을 입을 것이요 내가 그 이름을 생
명책에서 결코 지우지 아니하고 그 이름을 내 아버지 앞과 그의 천사
들 앞에서 시인하리라

믿음 위에 굳게 서라

성도들이 갖춰야 할 요건 중에서도 가장 중요한 것은 믿음의 터 위에 굳게 서는 것이다. 예수님은 제자들에게 작은 믿음을 꾸짖으셨다. 믿음은 굉장히 중요하다. 영의 세계에서 통용되는 화폐는 믿음이다. 천국행 열차를 탈 때도 믿음이라는 차표를 보이고 들어가야 한다. 가짜 화폐가 있듯이 가짜 믿음도 있다.

진짜 믿음은 주 예수 그리스도가 십자가에서 내 죄 때문에 죽으시고 사흘 만에 부활하셔서 나의 구주, 구원자되시며 내 삶의 주님 되시는 것을 고백하는 믿음이다. 내 죄를 회개하고 그리스도를 믿는 이 믿음을 통해 성도들은 천국 영생을 선물로 받게 된다. 이것이 기쁜 소식이요, 천국 복음이다.

1. 주 앞에서는 모든 행위가 드러남

우리의 모든 행위는 이 세계에서는 완전히 감추어진 비밀한 것일지라도 주 앞에서는 반드시 드러난다. 주의 말씀을 따르는 사람이 칭찬을 받게 되고, 주의 사랑을 받는 사람이 그릇된 길에서 떠나게 된다. '코람데오'는 '하나님 앞에서'라는 뜻의 라틴어다. 우리는 매일 매 순간 하나님 앞에 서 있다. 믿음으로, 순종함으로 살아가고 있는가?

2. 하나님은 공의로 심판하심

우리는 먼 훗날 모두 재판장 되시는 하나님의 심판대에 서게 된다. 심판의 잣대는 하나님의 '공의'이다. 누구든지 선을 행하면 이에 대한 보상을 받게 되고, 악을 행하면 이에 대한 보응이 따른다고 여긴다.

그러나 하나님의 공의는 세상과 조금 다르게, 더 넓게, 완전한 의미로 이해할 필요가 있다. 죄란 과녁을 빗나간 화살, 즉 하나님께서 창조하신 목적대로, 질서대로 살지 않는 것이다. 무엇보다도 가장 큰 죄는 하나님을 믿지 않는 것이다.

선지자들에게 증거를 받은 것이라 곧 예수 그리스도를 믿음으로 말미암아 모든 믿는 자에게 미치는 하나님의 의니 차별이 없느니라 모든 사람이 죄를 범하였으매 하나님의 영광에 이르지 못하더니 그리스도 예수 안에 있는 속량으로 말미암아 하나님의 은혜로 값없이 의롭다 하심을 얻은 자 되었느니라

롬 3:28 그러므로 사람이 의롭다 하심을 얻는 것은 율법의 행위에 있지 않고 믿음으로 되는 줄 우리가 인정하노라

3. 주를 거부한 자들은 불못에 들어감

우리 성도들은 언제든지 예수의 편에 서서 믿음으로 순종하기를 힘써야 한다. 살든지 죽든지 그분께 속해 있기 때문이다. 이 세상에서 복음의 일꾼으로 살다가 천국에서 상급을 받을지, 불못에 들어갈지는 오직 이 땅에서 한 번 사는 동안 결정된다.

롬 1:17 복음에는 하나님의 의가 나타나서 믿음으로 믿음에 이르게 하나니 기록된 바 오직 의인은 믿음으로 말미암아 살리라 함과 같으니라

계 20:15 누구든지 생명책에 기록되지 못한 자는 불못에 던져지더라

적극적인 믿음

믿음의 조상 아브라함도 큰 시험을 거쳤다. 이삭도, 야곱도 대가 뭄으로 인해 계속되는 기근 속에서 먹을 양식이 없어 죽기에 이르렀으나 낙심하지 않았다. 믿음이 있었기 때문이다. 모세도, 다윗도 큰 적들과 전쟁을 할 때 물러나지 않았다. 다니엘도 마찬가지였다. 그렇다면 큰 시험이 닥칠 때, 우리는 어떤 믿음을 가져야 할까? 다음과 같은 믿음이다.

1. 어떠한 상황에서도 긍정적인 믿음

못한다, 안 된다고 물러서고 낙심하는 것은 신앙인의 자세가 아니다. 먼저 순종하고 가능성을 찾는 믿음을 가져야 한다.

하나님은 아브라함의 믿음을 시험하기 위해 그의 아들 이삭을 번제로 바치라고 명하셨다. 아브라함은 하나님의 명령에 "예!"라고 순종하며 독자 이삭을 데리고 모리아 산으로 갔다. 이삭이 제물로 바칠 어린 양이 어디에 있느냐고 묻자, 아브라함은 "하나님께서 친히 준비하실 것이라"고 답하였다. 아브라함이 이삭을 제단에 올리고 칼을 들어 죽이려 할 때, 하나님은 그의 손을 멈추게 하셨다.

하나님은 대신 사용할 숫양을 미리 준비해 두셨다. 아브라함은 그곳을 여호와 이레라 불렀다. 우리가 하나님을 경외하면, 하나님은 우리의 필요를 아시고 그 상황과 환경에 맞게 예비하신다는 것을 보여준다. 우리가 가장 아끼는 '이삭'을 바치고 하나님을 전적으로 신뢰하며 그분의 인도하심을 따를 때 여호와 이레를 경험한다. 하나님께서는 우리를 시험하시지만, 언제나 우리를 위한 준비를 갖추고 계신다. 경외하는 믿음으로 하나님을 기대하라, 하나님을 바라라.

2. 최선을 다하는 믿음

거인을 이길 수 있는 비결은 내 힘과 능력에 있지 않다. 블레셋의 투사 골리앗은 키가 여섯 규빗하고도 한 뼘이나 더 되었고, 청동 투구와 갑옷으로 무장을 한 채 창을 들고 있었다. 그런 그를 향해 양치는 목동 다윗은 작은 막대기를 들고 시내에서 주운 물맷돌 다섯 개를 가지고 싸우러 나갔다. 골리앗은 싸우러 온 소년 다윗을 보고 업신여겼다. 하지만 다윗이 물맷돌을 던져 그의 이마를 맞추자 골리앗은 땅 위로 쓰러졌다. 이때 다윗은 골리앗을 본 것이 아니라 크신 하나님을 본 것이었다. 다윗의 무기는 물맷돌이 아닌 하나님이었던 것이다.

우리도 환경을 바라보지 말고 지금 가진 것, 내 손에 쥔 것, 주어진 소유와 능력 안에서 최선을 다해야 한다. 하나님이 허락하신 환경 가운데 열심을 다하고 최선을 다하면 길이 열린다. 환경도, 전쟁도 하나님께 속한 것이다. 만군의 여호와를 의지하고 나아가면, 그분께서 우리를 대신하여 싸워 주신다.

> 삼상 17:47 또 여호와의 구원하심이 칼과 창에 있지 아니함을 이 무리에게 알게 하리라 전쟁은 여호와께 속한 것인즉 그가 너희를 우리 손에 넘기시리라

3. 소망을 잃지 않고 돌파, 파쇄하는 믿음

이스라엘 백성들이 광야를 지나갈 때 아말렉 사람들이 그들을 공격했다. 모세는 여호수아에게 군사를 이끌고 나가 싸우게 했고, 자신은 산꼭대기에 올라가 하나님의 지팡이를 들고 기도했다. 모세가 손을 들고 기도할 때 이스라엘이 이겼고, 손이 내려오면 아말렉

이 이겼다. 모세의 손이 무거워지자 아론과 훌이 모세의 양쪽에서 그의 손을 받쳐 주었고, 결국 이스라엘은 전투에서 승리했다. 이 승리를 기념하여 모세는 제단을 쌓고, 그 이름을 여호와 닛시라 했다.

하나님은 우리에게 승리의 깃발이 되어 주신다. 우리는 삶의 싸움에서 하나님께 의지하고 소망할 때 여호와 닛시, 승리의 하나님을 경험할 수 있다. 하나님께서 우리를 위해 싸우신다는 믿음으로 어려움을 극복할 수 있다. 성도는 어떠한 환난과 전쟁 가운데서도 이와 같이 담대하고 적극적인 믿음을 잃어서는 안 된다. 중도에 포기하지 않고 끝까지 싸우면 결국은 승리한다. 성도의 무기는 하나님이다.

출 17:15~16 모세가 제단을 쌓고 그 이름을 여호와 닛시라 하고 이르되 여호와께서 맹세하시기를 여호와가 아말렉과 더불어 대대로 싸우리라 하셨다 하였더라

믿음의 사람

아브라함은 믿음의 의로 말미암아 구원받았다. 그가 믿음으로 하나님을 기쁘게한 일이 무엇인지 살펴보자.

1. 아브라함은 하나님의 소명을 더 크게 생각했다

아브라함은 자신의 명예와 부귀와 권세보다 하나님의 부름에 응답하였다. 아브라함은 갈 곳이 어디인지도 모른 채 하나님의 말씀에 순종하며 따라나섰다. 이것이야말로 믿음의 태도였다. 유대인들은 아브라함을 추종했으나 그의 믿음은 따르지 않았다. 우리는 무엇보다 먼저 하나님의 부르심에 순종해야 한다.

2. 아브라함은 어려운 환경을 믿음으로 이겨냈다

아브라함은 어려운 환경에도 불구하고 하나님께서 인도하심을 바라고 믿었다. 새 땅에 인도된 아브라함은 경제 문제기근, 가정 문제롯과 별거, 자녀 문제이삭을 얻기까지 등에 시달렸다. 그러나 그는 믿음으로 하나님을 바라보았다. 이때 하나님은 믿음으로 사는 아브라함에게 길을 인도하시고 형통하게 하셨다.

3. 아브라함은 '주님'을 바라보면서 살았다

모든 어려움을 경험한 아브라함은 하나님 안에 참된 소망이 있음을 믿었다. 세상은 점점 인생을 피곤하게 함을 알았다. 그는 하나님이야말로 인생의 문제를 해결하실 분이라고 믿었다. 그는 이삭을 제물로 드릴 때 주신 분도 하나님이요, 다시 살리실 분도 하나님이라는 것을 믿었다. 하나님의 전능하심을 믿었기에 그는 모리아산에 올라갈 수 있었다. 믿음 안에서 하나님을 바라본 아브라함처럼 우리도 자신의 의지보다 믿음으로 모든 일을 해결해야 한다. 나는 예루살렘의 모리아 산에 갈 때마다 아브라함과 그의 이상을 회상하면서 나의 믿음을 점검한다.

하나님은 어떤 분이신가?

우리가 믿는 하나님은 어떤 분이실까? 하나님의 형상_{이미지, 성품}을 따라 성부 성자 성령 삼위일체 하나님의 형상대로 지음받은 우리는 먼저 그분을 아는 데 힘써야 한다.

웨스트민스터 신앙 고백서는 비교적 길고 상세하게 하나님의 속성들을 이렇게 언급하고 있다.

> "그는 또한 변치 않으시고, 광대하시고, 영원하시고, 측량할 수도 없다. 전능하시고, 가장 지혜로우시고, 가장 거룩하시고, 가장 자유하시고, 절대하시며, 모든 일을 자기의 영광을 위하여 불변하고 의로우신 뜻의 계획에 따라 행하신다. 그는 사랑이 가장 많으시고, 은혜롭고, 자비롭고, 너그러우시며, 선과 진리에 충만하시고, 부정과 위법과 죄를 용서하신다."

전통적으로 신학은 하나님의 속성을 다양하게 분류해 왔는데, 공유적, 비공유적 속성으로 구분하는 것이 가장 일반적이다. 공유적 속성은 사랑, 거룩, 선, 긍휼, 공의, 아름다움, 자비 등 인간도 함께 공유할 수 있는 속성이다. 이 부분은 우리가 하나님과 공유할 수 있는 속성이다. 비공유적 속성은 전지전능하시고, 어디에나 계시며, 변치 않으시고, 섭리하시고, 초월하시는 하나님, 삼위일체의 하나님 등이다.

1. 온 세상의 하나님

전지전능하시며 무소부재하신 창조주, 구주, 구원자, 심판주시다.

라엘 자손에게 전할지니라

계 21:5~6 보좌에 앉으신 이가 이르시되 보라 내가 만물을 새롭게 하노라 하시고 또 이르시되 이 말은 신실하고 참되니 기록하라 하시고 또 내게 말씀하시되 이루었도다 나는 알파와 오메가요 처음과 마지막이라 내가 생명수 샘물을 목마른 자에게 값없이 주리니

2. 약속을 지키시는 신실하신 하나님

말씀을 변개치 않으시고 섭리하시는 분이다. 우리는 섭리 안으로 들어와야 복되다. 그분의 언약 안으로 들어와야 한다. 하나님은 아브라함과 그 후손들에게 땅, 씨, 복을 약속하셨다. 가나안 땅, 바다의 모래알과 같은 자손, 땅의 모든 족속이 너로 말미암아 복을 얻을 것이라 말씀하셨다. 이 아브라함 언약은 우리에게도 여전히 유효하다.

롬 4:16 그러므로 상속자가 되는 그것이 은혜에 속하기 위하여 믿음으로 되나니 이는 그 약속을 그 모든 후손에게 굳게 하려 하심이라 율법에 속한 자에게뿐만 아니라 아브라함의 믿음에 속한 자에게도 그러하니 아브라함은 우리 모든 사람의 조상이라

3. 현재와 미래까지 자녀를 책임지시는 하나님

하나님은 자신이 부르시고 택한 자들에 대하여 마지막까지 신실하게 책임지시는 분이다. 그러니 하나님의 말씀을 두려워하고 그 말씀을 따를 때는 재앙에서 보호받을 수 있다. 바로의 신하 중에 여호와의 말씀을 두려워한 자들은 종들과 가축들을 집으로 피하여 들여서 구원을 받게 되었음을 기억하자 출 9:20. 반면에 불순종한 자들은 재앙을 피할 길이 없다.

예수 그리스도를 믿지 않는 자에게는 심판이 있고, 믿는 자에게는 영생이 있다. 그러니 하나님의 심판과 재앙을 항상 잊지 말고 주의 뜻대로 사는 성도들이 되어야 하겠다. 선한 목자 되신 주께서는 우리가 사망한 음침한 골짜기에 있는 순간까지도 함께 하시기 때문이다.

> **시 23:4** 내가 사망의 음침한 골짜기로 다닐지라도 해를 두려워하지 않을 것은 주께서 나와 함께 하심이라 주의 지팡이와 막대기가 나를 안위하시나이다
>
> **신 32:10** 여호와께서 그를 황무지에서, 짐승이 부르짖는 광야에서 만나시고 호위하시며 보호하시며 자기의 눈동자 같이 지키셨도다

새 언약의 하나님

우리가 하나님의 계명을 잘 준수하면, 하나님의 측량할 수 없는 복이 우리와 함께 하신다. 새 언약의 하나님은 우리에게 어떤 하나님이신가?

1. 옛 언약의 파기

옛 언약은 파기될 수밖에 없었다. 율법을 지키지 못하여 언약을 깨뜨린 백성들에게 하나님께서는 살리시기 위해 새 언약을 주셨다. 우리가 더 이상 죄에 종노릇하지 않고 부르심을 입은 자로 하여금 영원한 기업의 약속을 얻게 하려 하심이었다.

이라 여호와의 말씀이니라

롬 6:6 우리가 알거니와 우리의 옛 사람이 예수와 함께 십자가에 못 박힌 것은 죄의 몸이 죽어 다시는 우리가 죄에게 종 노릇 하지 아니하려 함이니

히 9:15 이로 말미암아 그는 새 언약의 중보자시니 이는 첫 언약 때에 범한 죄에서 속량하려고 죽으사 부르심을 입은 자로 하여금 영원한 기업의 약속을 얻게 하려 하심이라

2. 구원의 하나님

하나님은 새 언약의 중보자 예수 그리스도를 주시어 과거의 죄악에서, 현재의 환난에서, 미래의 사망 권세에서 우리를 크게 구원하신다. 현재의 환난, 원수의 공격과 박해를 이기게 하심도 감사하지만, 하나님이 나의 구원자가 되시기 때문에 이 하나만으로도 기뻐 감사할 수 있다.

사 61:10 내가 여호와로 말미암아 크게 기뻐하며 내 영혼이 나의 하나님으로 말미암아 즐거워하리니 이는 그가 구원의 옷을 내게 입히시며 공의의 겉옷을 내게 더하심이 신랑이 사모를 쓰며 신부가 자기 보석으로 단장함 같게 하셨음이라

3. 사랑의 하나님

그는 목자와 같이 양 무리를 먹이시고, 어린 양을 그 팔로 모아 품에 안으시며 안전한 곳으로 인도하신다. 사랑의 하나님은 젖먹이는 어미가 어린아이를 품에 안아 주듯이, 우리를 그의 사랑의 품에 안아주시겠다고 약속하셨다 아 8:6. 이 보호하심과 사랑을 기억하고 하나님 아버지의 기업을 받은 자녀다운 삶을 살도록 힘써야 하겠다. 우리를 향하신 하나님의 꿈과 비전인, 생육하고 번성하여 이 땅에 충만하고 땅을 정복하고 복을 흘려보내는 삶을 회복하자.

> **렘 3:19** 내가 말하기를 내가 어떻게 하든지 너를 자녀들 중에 두며 허다한 나라들 중에 아름다운 기업인 이 귀한 땅을 네게 주리라 하였고 내가 다시 말하기를 너희가 나를 나의 아버지라 하고 나를 떠나지 말 것이니라 하였노라
>
> **창 1:28** 하나님이 그들에게 복을 주시며 하나님이 그들에게 이르시되 생육하고 번성하여 땅에 충만하라, 땅을 정복하라, 바다의 물고기와 하늘의 새와 땅에 움직이는 모든 생물을 다스리라 하시니라

4. 임마누엘의 하나님

나와 함께하시는 하나님은 나의 일거수일투족을 잘 아신다. 또한

나를 창조하셨기에 누구보다도 나를 잘 아신다. 우리 인생의 요구를 아신다. 미래를 아신다. 그런 우리는 모든 것을 아시고 함께하시는 그분께 모든 길 영역을 맡기고 의뢰해야 한다.

> **마 1:23** 보라 처녀가 잉태하여 아들을 낳을 것이요 그의 이름은 임마누엘이라 하리라 하셨으니 이를 번역한즉 하나님이 우리와 함께 계시다 함이라
>
> **사 64:8** 그러나 여호와여, 이제 주는 우리 아버지시니이다 우리는 진흙이요 주는 토기장이시니 우리는 다 주의 손으로 지으신 것이니이다
>
> **마 6:31~32** 그러므로 염려하여 이르기를 무엇을 먹을까 무엇을 마실까 무엇을 입을까 하지 말라 이는 다 이방인들이 구하는 것이라 너희 하늘 아버지께서 이 모든 것이 너희에게 있어야 할 줄을 아시느니라
>
> **눅 12:7** 너희에게는 심지어 머리털까지도 다 세신 바 되었나니 두려워하지 말라 너희는 많은 참새보다 더 귀하니라
>
> **렘 29:11** 여호와의 말씀이니라 너희를 향한 나의 생각을 내가 아나니 평안이요 재앙이 아니니라 너희에게 미래와 희망을 주는 것이니라

5. 그래서 항상 기뻐하고 감사해야 한다

우리는 영생을 허락하시고 새 삶을 살도록 구원해주신 하나님께

감사해야 한다. 스바냐는 "너희 하나님 여호와가 너의 가운데에 계
시니 그는 구원을 베푸실 전능자이시라 그가 너로 말미암아 기쁨
을 이기지 못하시며 너를 잠잠히 사랑하시며 너로 말미암아 즐거
이 부르며 기뻐하시리라 하리라 습 3:17"라 하였고, 느헤미야는 "이 날
은 우리 주의 성일이니 근심하지 말라 여호와로 인하여 기뻐하는
것이 너희의 힘이니라 느 8:10b"고 하였다.

　예레미야는 눈물의 기도를 하였다. 그의 기도는 마침내 상달되어
하나님으로부터 구원의 약속을 받았다. 구원을 주신 하나님께 우
리도 항상 기뻐하고 감사함으로 보답해야 하겠다.

사 62:4 다시는 너를 버림 받은 자라 부르지 아니하며 다시는 네 땅
을 황무지라 부르지 아니하고 오직 너를 헵시바라 하며 네 땅을 쁄라
라 하리니 이는 여호와께서 너를 기뻐하실 것이며 네 땅이 결혼한 것
처럼 될 것임이라

시 100:2 기쁨으로 여호와를 섬기며 노래하면서 그의 앞에 나아갈지
어다

사 12:3 그러므로 너희가 기쁨으로 구원의 우물들에서 물을 길으리
로다

사 61:3 무릇 시온에서 슬퍼하는 자에게 화관을 주어 그 재를 대신
하며 기쁨의 기름으로 그 슬픔을 대신하며 찬송의 옷으로 그 근심을
대신하시고 그들이 의의 나무 곧 여호와께서 심으신 그 영광을 나타

우리의 하나님

하나님은 어떤 분이시기에 우리가 몸과 마음을 다하여 오직 그분만 섬겨야 할까? 《성경》에서 만나뵐 수 있는 하나님은 다음과 같은 분이다.

수 22:5 오직 여호와의 종 모세가 너희에게 명령한 명령과 율법을 반드시 행하여 너희의 하나님 여호와를 사랑하고 그의 모든 길로 행하며 그의 계명을 지켜 그에게 친근히 하고 너희의 마음을 다하며 성품을 다하여 그를 섬길지니라 하고 .

삼상 12:24 너희는 여호와께서 너희를 위하여 행하신 그 큰 일을 생각하여 오직 그를 경외하며 너희의 마음을 다하여 진실히 섬기라

1. 사랑 가운데서 우리를 택하신 분

하나님 아버지께서는 그리스도 안에서 하늘에 속한 모든 신령한 복을 우리에게 주시기를 원하신다. 그리하여 창세 전에 그리스도

안에서 우리를 택하시고, 우리로 하여금 사랑 안에서 그 앞에 거룩하고 흠이 없게 하시려는 계획을 가지고 계신다_{엡 1:3~4}.

> **살전 1:4** 하나님의 사랑하심을 받은 형제들아 너희를 택하심을 아노라
>
> **롬 8:37~39** 그러나 이 모든 일에 우리를 사랑하시는 이로 말미암아 우리가 넉넉히 이기느니라 내가 확신하노니 사망이나 생명이나 천사들이나 권세자들이나 현재 일이나 장래 일이나 능력이나 높음이나 깊음이나 다른 어떤 피조물이라도 우리를 우리 주 그리스도 예수 안에 있는 하나님의 사랑에서 끊을 수 없으리라

2. 큰 은혜로 구원하신 분

하나님은 우리를 구원하시기 위해 독생자 예수 그리스도로 하여금 십자가를 지게 하셨고, 그 은혜로 우리는 구원을 받게 되었다.

> **엡 2:8** 너희는 그 은혜에 의하여 믿음으로 말미암아 구원을 받았으니 이것은 너희에게서 난 것이 아니요 하나님의 선물이라

3. 영원한 기업의 복을 약속하신 분

하나님께서는 아브람이 구십구 세 때에 나타나셔서 영원하신 기업을 주셨다. 자식이 없는 아브람에게 아브라함으로, 여러 민족의 아버지가 되게 하셨다. 하나님께서 아브라함에게 땅과 씨와 복을 약속하신 이유는 그가 하나님을 믿어 이를 의로 여기셨기 때문이다.

> **창 12:1~3** 여호와께서 아브람에게 이르시되 너는 너의 고향과 친척과 아버지의 집을 떠나 내가 네게 보여 줄 땅으로 가라 내가 너로 큰 민족을 이루고 네게 복을 주어 네 이름을 창대하게 하리니 너는 복이 될지라 너를 축복하는 자에게는 내가 복을 내리고 너를 저주하는 자에게는 내가 저주하리니 땅의 모든 족속이 너로 말미암아 복을 얻을 것이라 하신지라

선택된 사람들

나는 누구인가? 나는 꿈과 비전이 있는가? 내가 그분의 형상대로 지음받았다면 그분의 꿈과 비전을 닮았을 것이다. 아니 일치할 것이다. 세상의 꿈과 비전이 아닌 하나님의 꿈과 비전을 알아

야 한다.

아브라함에게 독자 이삭을 바칠 때, 모세와 이스라엘 백성들이 광야 생활 중 므리바에서 목이 말라 다툴 때, 그리고 가나안 땅에 대한 40일 정탐은 신앙과 믿음의 시험대였다. 우리 또한 항상 그러한 시험대 위에 있다. 그 믿음이라는 시험 과목을 통과해야 비로소 선택을 받을 수 있다. 그렇다면 어떨 때 우리는 선택된 사람이 될 수 있을까?

1. 믿음과 신뢰를 가진 사람

주에 대한 온전한 믿음과 신뢰를 가진 사람들은 승리한다. 열두 정탐꾼 중 오직 여호수아와 갈렙, 이 두 명만 하나님의 비전을 보았다. 부정적인 눈으로 바라본 나머지 열 명의 지휘관은 시험에서 탈

락했다. 하나님께서 함께하시면 가나안 족속은 우리의 먹이지 두려움의 대상이 아니다.

2. 자신의 직임을 다하는 사람

청지기는 주인의 재산을 관리하고 집안일을 돌보는 관리인을 뜻한다. 우리는 선택된 하나님의 청지기이다. 하나님이 우리에게 맡겨주신 일과 기업을 믿음의 눈으로 바라보고 잘 관리하여 후대에 계승해야 한다.

> **눅 12:42** 주께서 이르시되 지혜 있고 진실한 청지기가 되어 주인에게 그 집 종들을 맡아 때를 따라 양식을 나누어 줄 자가 누구냐

3. 강하고 담대한 사람

우리는 아무것도 두려워하거나 겁낼 필요가 없다. 머뭇머뭇 주저하거나 의논할 필요도 없다. 주께서 명령하시고 우리와 함께하시면 충분히 이기고도 남기 때문이다. 주께서 가르쳐주신 대로 담대히 수행하는 성도가 되자.

> **신 1:38** 네 앞에 서 있는 눈의 아들 여호수아는 그리로 들어갈 것이니 너는 그를 담대하게 하라 그가 이스라엘에게 그 땅을 기업으로 차지하게 하리라
>
> **수 1:9** 내가 네게 명령한 것이 아니냐 강하고 담대하라 두려워하지 말며 놀라지 말라 네가 어디로 가든지 네 하나님 여호와가 너와 함께 하느니라 하시니라
>
> **왕상 18:21** 엘리야가 모든 백성에게 가까이 나아가 이르되 너희가 어느 때까지 둘 사이에서 머뭇머뭇 하려느냐 여호와가 만일 하나님이면 그를 따르고 바알이 만일 하나님이면 그를 따를지니라 하니 백성

총리대신이 된 요셉

요셉은 고난과 연단의 과정을 거쳐 애굽의 총리대신이 되는 영광을 얻었다. 그는 어떤 사람이었을까?

창 41:41 바로가 또 요셉에게 이르되 내가 너를 애굽 온 땅의 총리가 되게 하노라 하고

1. 요셉은 고난을 극복한 사람이었다

요셉은 소년 시절부터 많은 고난을 당했다. 형제들의 시기와 미움으로 인해 애굽 노예로 팔려간 후, 주인 보디발의 은혜를 입어 가정 총무가 되었지만 오해로 말미암아 투옥되는 등 그의 삶은 비극의 연속이었다. 그러나 요셉은 이 과정에서 하나님이 만사를 주관하시고 뜻대로 섭리하신다는 신앙을 가지게 되었고, 하나님의 인도하심을 믿어 의심치 않았다.

우리도 요셉처럼, 인간의 고난에 집중하는 것이 아닌 하나님의

큰 그림섭리를 볼 수 있어야 한다. 그러기 위해서는 고난과 하나님의 섭리 사이의 관점을 훈련하는 것이 중요하다. 낙심하고 불평하고 비관하는 사람에게는 고난이지만, 하나님의 구원의 큰 그림 안에서 고난을 극복하고 하나님의 섭리에 순응하는 자야말로 형통을 누리는 자다.

> **창 37:3~5** 요셉은 노년에 얻은 아들이므로 이스라엘이 여러 아들들보다 그를 더 사랑하므로 그를 위하여 채색옷을 지었더니 그의 형들이 아버지가 형들보다 그를 더 사랑함을 보고 그를 미워하여 그에게 편안하게 말할 수 없었더라 요셉이 꿈을 꾸고 자기 형들에게 말하매 그들이 그를 더욱 미워하였더라
>
> **창 39:1** 요셉이 이끌려 애굽에 내려가매 바로의 신하 친위대장 애굽 사람 보디발이 그를 그리로 데려간 이스마엘 사람의 손에서 요셉을 사니라
>
> **창 39:20** 이에 요셉의 주인이 그를 잡아 옥에 가두니 그 옥은 왕의 죄수를 가두는 곳이었더라 요셉이 옥에 갇혔으나

2. 요셉은 범사에 형통한 사람이었다

애굽에 노예로 팔려갔지만, 하나님께서 함께하시고 범사에 형통하게 하셨기 때문에 요셉은 그곳에서 성실히 일하여 바로의 신하

인 친위대장 보디발의 인정을 받을 수 있었다. 성령이 충만한 자는 당장은 열악한 상황에 있더라도 흔들리거나 낙심하지 않고 믿음을 지킬 수 있다. 하나님께서는 그런 상황에서조차도 평탄하고 형통하게 하신다. 그래서 우리는 주님의 뜻 안에서 모든 일에 성령의 충만을 먼저 간구해야 한다. 고난 가운데 하나님께서 함께하심이 곧 형통이기 때문이다.

3. 요셉은 하나님께 영광을 돌렸다

요셉이 총리가 된 것은 자기의 재능과 명철함이 아니라 처음부터 끝까지 하나님을 신뢰하였기 때문이다. 이방인들조차도 그 신실함을 인정했다. 물론 애굽의 총리가 되는 과정도 우연은 아니었다. 주인인 보디발의 아내가 모함하여 억울하게 감옥에 갔지만, 그곳에서 떡관원장과 술관원장을 만나게 되었다.

이 만남은 절대 우연이 아니었다. 요셉은 자신이 하나님께로부터 은사로 받은 꿈해몽을 통해 관원장들의 꿈을 해몽해주고, 이후 술

관원장의 추천을 통해 바로 왕 앞에 설 기회를 얻었다. 이것이야말로 고난이 아닌 하나님의 섭리가 아닌가? 그리고 이것이야말로 범사에 형통이 아닌가? 요셉은 감옥에서조차 하나님께 쓰임받고 영광을 돌렸다. 하나님께서 사랑하시는 성도는 어떤 어려움 속에서도 항상 성령의 인도하심으로 승리한다.

> **창 40:8** 그들이 그에게 이르되 우리가 꿈을 꾸었으나 이를 해석할 자가 없도다 요셉이 그들에게 이르되 해석은 하나님께 있지 아니하니이까 청하건대 내게 이르소서
>
> **창 41:16** 요셉이 바로에게 대답하여 이르되 내가 아니라 하나님께서 바로에게 편안한 대답을 하시리이다
>
> **창 41:41** 바로가 또 요셉에게 이르되 내가 너를 애굽 온 땅의 총리가 되게 하노라 하고

야곱인 이스라엘아!

야곱은 '발뒤꿈치를 잡은 자'라는 의미이고, 이스라엘은 '하나님과 겨루어 이겼다'라는 의미이다. 야곱은 브니엘에서 하나님과 씨름을 했다. 팥죽 한 그릇으로 형을 속여 장자권을 취한 후 도망

하듯 집을 떠나 20여 년을 보낸 야곱은 형 에서와의 만남을 앞두고 심경이 복잡했다. 인생 최대의 위기 앞에 놓인 처절한 야곱은 목숨을 건 얍복강 철야기도를 했다. 하나님을 붙잡고 끈질기게 매달려 기도했다. 과연 사기꾼 야곱은 에서의 용서를 받았을까? 이 목숨을 건 간절한 씨름 기도를 통하여 야곱은 새 이름 이스라엘로 변화된다.

1. 구속받은 자

하나님의 백성은 때때로 새 이름을 통하여 새로운 정체성과 소명을 받았다. 아브람이 아브라함으로, 사래가 사라로, 야곱이 이스라엘로 바뀌었다. 이것은 단순히 이름만 바뀐 것이 아니다. 정체성이 바뀐 것이다. 구원을 받은 자는 반드시 성령으로 거듭나는 새로운 창조의 역사가 있었다. 그래서 이사야는 빽빽한 구름과 안개가 사라짐 같이 허물과 죄가 사라진다고 했고, 사도 바울은 새로운 피조물이라고 했다. 따라서 구속받은 의인은 새로운 생명에, 하나님의 비전에 참여하는 자이다.

2. 구원과 구속의 차이

구원이 어떤 위험한 상황에서 구출되거나 해방됨이라면, 구속은 값을 치루고 산다는 의미가 있다. 구속이 과거의 시간으로 예수님께서 십자가에서 이미 성취된 사역이라면, 구원은 과거, 현재, 미래를 포함하여 칭의 과거에 구원받음, 성화 현재에 구원을 이루어감, 영화 미래에 완전한 구원을 기대함의 단계까지를 의미한다.

구속이 어린 양 그리스도의 십자가 피값으로 죄에서 자유롭게 된 사건이라면, 구원은 구속을 통해 죄에서 벗어나 하나님과의 분리된 관계가 회복되고, 부활을 통해 영생을 누리게 됨을 뜻한다. 우리 구원의 목표는 성화가 아닌 영화의 단계임을 꼭 기억해야 한다.

3. 영화로운 자

야곱은 속이는 자, 교활한 자였다. 그러나 구속을 받고 새로운 피조물이 된 이후에는 영화로운 자가 되었다. 주님께서는 내 이름을 부르는 자는 수치를 낭하지 않으리라고 약속하셨다. 또한 모든 자 위에 뛰어난 이름을 주고 영화롭게 하리라고 하셨다. 성도들도 영원한 영광을 소망하면서 매일매일 승리하는 삶을 살아야 한다. 야곱이 이스라엘이 되었듯, 우리 성도들도 새로운 피조물, 거룩한 나라의 제사장이 되었다. 나이 든 나를 앞으로 얼마나 더 쓰실까 가슴이 두근거린다.

야곱의 죽음이 주는 교훈

야곱은 자신의 생애를 나그네 길이라고 표현했다. 이 땅은 객지요, 가나안이 본향이었다. 우리도 이 땅에서는 나그네 인생이다. 이스라엘이 죽음을 눈앞에 두고 자녀에게 남겨준 유산은 무엇이었을까? 물질이 아닌 다음과 같은 유업이었다.

창 47:9 야곱이 바로에게 아뢰되 내 나그네 길의 세월이 백삼십 년이니이다 내 나이가 얼마 못 되니 우리 조상의 나그네 길의 연조에 미치지 못하나 험악한 세월을 보내었나이다 하고

창 47:29~30 이스라엘이 죽을 날이 가까우매 그의 아들 요셉을 불러 그에게 이르되 이제 내가 네게 은혜를 입었거든 청하노니 네 손을 내 허벅지 아래에 넣고 인애와 성실함으로 내게 행하여 애굽에 나를 장사하지 아니하도록 하라 내가 조상들과 함께 눕거든 너는 나를 애굽에서 메어다가 조상의 묘지에 장사하라 요셉이 이르되 내가 아버지의 말씀대로 행하리이다

1. 언약에 대한 소망

아브라함과 이삭과 야곱은 약속하신 하나님의 언약을 기억했다. 이 유업은 가나안 땅이었다. 비록 야곱은 지금 가나안을 떠나 애굽

에서 눈을 감지만, 하나님께서 반드시 그의 자손에게 약속의 땅 가나안을 주실 것이라는 소망을 가지고 있었다. 이는 조부 아브라함의 언약에 기인한다. 그러하기에 그는 자신을 가나안 마므레 앞 막벨라 굴에 장사해 줄 것을 부탁했다. 우리도 우리 믿음의 조상 아브라함의 언약을 붙들자. 우리가 자손들에게 물려줄 유업은 하나님께 받은 아브라함의 언약이다.

> **창 50:12~13** 야곱의 아들들이 아버지가 그들에게 명령한 대로 그를 위해 따라 행하여 그를 가나안 땅으로 메어다가 마므레 앞 막벨라 밭 굴에 장사하였으니 이는 아브라함이 헷 족속 에브론에게 밭과 함께 사서 매장지를 삼은 곳이더라
>
> **레 26:42** 내가 야곱과 맺은 내 언약과 이삭과 맺은 내 언약을 기억하며 아브라함과 맺은 내 언약을 기억하고 그 땅을 기억하리라

2. 부활에 대한 믿음

야곱이 가나안 땅 막벨라 굴에 장사 지내 줄 것을 부탁한 것은 언약의 땅이었기 때문이다. 성도는 이 땅의 모든 생애가 끝날 때 영적 가나안 땅인 천국 본향에 갈 것이라는 믿음이 있다. 야곱도 부활에 대한 소망과 믿음을 가지고 있었음에 틀림없다. 천국에 대한 소망을 가지고 사는 성도들은 이 땅에서 성실히 살 뿐만 아니라, 저

천국 본향을 위하여 더욱더 힘쓰게 된다. 우리의 유업은 천국에 있다. 우리의 소망은 하늘에 있다.

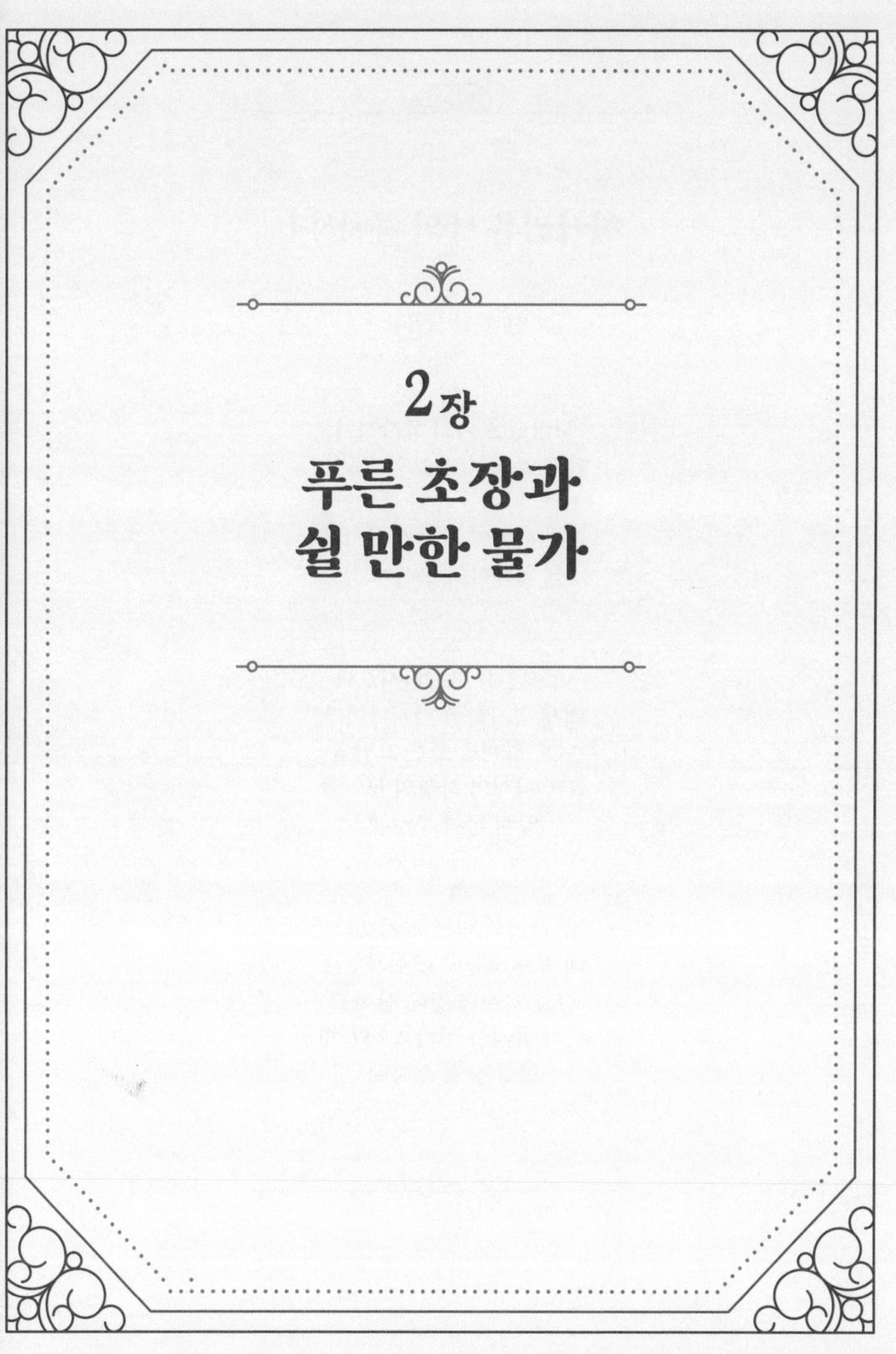

2장
푸른 초장과
쉴 만한 물가

하나님은 나의 목자시니

- 찬송가 568장 -

1.
하나님은 나의 목자시니
네게 부족함이 없으리로다
나로 하여금 푸른 풀밭에
눕게 하시며 잔잔한 물가로
인도하여 주시네

2.
내 영혼을 구원하시오니
내게 감사함이 넘치나이다
나도 하여금 모든 고난을
참게 하시며 하늘의 평안을
입게 하여 주시네

3.
하나님이 함께 하시오니
네게 두려움이 없으리로다
나로 하여금 땅에 살아도
진리 안에서 이기고 이기게
항상 능력 주시네

홍해의 기적

《성경》에서 가장 극적인 장면을 꼽으라면 아마도 홍해의 갈라짐을 들 수 있을 것이다. 출애굽은 단순히 노예에서의 해방만을 뜻하지 않는다. 하나님이 행하시는 구원을 목도한 것이다. 앞에는 홍해, 뒤에는 추격해 오는 애굽 군대의 극한 상황에서 모세는 잠잠히 있으라고 명한다. 그 장면에서 우리는 무엇을 알 수 있을까?

출 14:14 여호와께서 너희를 위하여 싸우시리니 너희는 가만히 있을지니라

1. 하나님의 능력과 구원의 섭리

뒤쫓아 오는 애굽 군대는 무장한 군인이요, 이스라엘 백성들이 주인으로 모시던 사람이었다. 홍해를 건너면 이스라엘의 주인은 애굽이 아닌 하나님이 되시는 것이었다. 앞뒤가 막혀서 이스라엘 백성들이 떨고 있을 때, 하나님께서는 능력을 보여주셨다. 그러자 믿기지 않는 초자연적인 기적이 눈앞에서 일어났다. 홍해가 갈라지고 건너는 순간, 이스라엘 백성들은 애굽의 노예에서 하나님의 백성이 되는 구원의 역사가 이루어졌다. 이 구원의 의미는 '너희가 오늘 본 애굽 사람을 영원히 다시 보지 않는' 자유의 삶을 의미한다.

2. 여호와의 승리

하나님은 살아 계시고, 이스라엘을 구원하실 것을 그의 백성들에게 보여주셨다. 이 싸움은 바로와 하나님의 싸움이었다. 세상 애굽과 하나님 나라의 전쟁이었고, 하나님이 승리하셨다. 이처럼 인간에게는 불가능한 일도 하나님께서는 가능하시다. 사건의 외부적인 현상에만 매달려서 보면 불가능한 일이지만 하나님이 싸우시면 가능하다는 것을 보여주신 것이다.

3. 홍해 이후 광야

홍해 이전이 애굽 생활이었다면, 홍해 이후는 광야 생활이었다. 애굽 생활은 애굽에서 공급한 것으로 생활했다. 광야 생활은 하늘에서 공급하는 것으로 생활하게 된다. 하나님은 애굽으로부터 이스라엘의 완전한 구원과 회복을 계획하셨다. 또한 애굽으로부터 완전한 분리, 구별 거룩함을 원하셨다. 이스라엘의 주인이 애굽에서 하나님으로 바뀐 것이다. 소유의 주인이 바뀐 것이다.

그 후 '나의 목자' 시 23:1 되신 하나님께서 공급하시는 놀라운 것으로 이스라엘 백성들은 광야 생활을 하게 되었다. 그러나 이스라엘 백성들은 만족하지 못하여 원망과 불평으로 하나님을 진노케 했다. 만나를 충분히 공급받았지만, 이에 대한 감사도 없이 오히려 생선과 오이, 참외와 부추, 파와 마늘들을 떠올리며 고기를 요구했다.

광야에서는 애굽의 잔재와 미련을 완전히 털어버려야 한다. 매일 하늘에서 공급하여 주신 것에 감사할 때, 목자되신 하나님과의 교제와 인도와 보호를 깨닫게 된다. 그리고 부족함이 없는 삶에 만족하게 된다. 이는 화려한 세상 생활이 아닌, 하나님과의 교제와 풍성한 생명과 가나안 땅 천국으로 인도하시는, 주께 영광을 돌리는 삶이다.

출 16:31 이스라엘 족속이 그 이름을 만나라 하였으며 깟씨 같이 희고 맛은 꿀 섞은 과자 같았더라

민 11:5 우리가 애굽에 있을 때에는 값없이 생선과 오이와 참외와 부추와 파와 마늘들을 먹은 것이 생각나거늘

신 2:7 네 하나님 여호와께서 네가 하는 모든 일에 네게 복을 주시고 네가 이 큰 광야에 두루 다님을 알고 네 하나님 여호와께서 이 사

4. 광야와 가나안

이스라엘 백성들이 광야에서 여러 곳을 방황한 것은 목적지인 가나안 땅을 향한 것이 아니었다. 형편에 따라 이곳저곳으로 이동만 하는 헛수고와 헛일의 반복이었다. 하나님에 대한 이스라엘 백성들의 불신과 반역이 그 원인이었다. 하나님께서 이스라엘 백성들에게 주고 싶어 하셨던 삶은 광야의 고달픈 삶이 아닌, 가나안에서의 축복된 삶이었다. 물론 가나안은 일곱 족속과 싸워서 그들을 쫓아내고 취해야만 하는 축복의 땅이었다. 축복은 악과 싸워 쟁취하고 믿음으로 지켜내는 것이다.

인간에게 죄는 전진하는 마차에서 바퀴를 제거하는 것과 같다. 그러한 마차가 제대로 달려갈 수 있겠는가. 마귀의 간계에 능히 대적하기 위하여 하나님의 전신 갑주를 입으라.

엡 6:13~18 그러므로 하나님의 전신 갑주를 취하라 이는 악한 날에 너희가 능히 대적하고 모든 일을 행한 후에 서기 위함이라 그런즉 서서 진리로 너희 허리 띠를 띠고 의의 호심경을 붙이고 평안의 복음이 준비한 것으로 신을 신고 모든 것 위에 믿음의 방패를 가지고 이로써 능히 악한 자의 모든 불화살을 소멸하고 구원의 투구와 성령의 검 곧 하나님의 말씀을 가지라 모든 기도와 간구를 하되 항상 성령 안에서 기도하고 이를 위하여 깨어 구하기를 항상 힘쓰며 여러 성도를 위하여 구하라

첫 번째 유월절

열 번째 장자 재앙이 있기 전, 애굽의 바로왕은 끝내 이스라엘 백성들을 보내주지 않았다. 홍해를 건너기 직전, 하나님께서는 모세와 아론을 부르셨다. 이달을 해의 첫 달이 되게 하고, 여호와의 유월절을 지키라고 하셨다. 지킬 날짜와 방법까지 미리 설명해 주셨다. 이제 이스라엘 백성들은 새로이 '여호와의 절기히, 모에드'의 경륜 안으로 들어갔다. 애굽의 달력이 여호와의 달력으로 바뀌게 된 것이다. 과거와 현재, 미래라는 기계적으로 흘러가는 객관적이고 정량적인 세상의 시간 '크로노스'가 이제 하나님의 약속된 시간인 '카

이로스'로 바뀌게 된 것이다.

1. 이 절기는 가족 단위이다

하나님께서는 가족별로 그 식구를 위하여 어린 양을 잡아 양의 피를 우슬초에 적셔 좌우 문설주와 인방에 바르고, 아침까지 한 사람도 자기 집 문밖에 나가지 말라 하셨다. 또한 그 밤에 잡은 고기를 구워서 먹되 무교병과 쓴 나물과 함께 급하게 먹으라 하셨다.

이 구원의 운명 공동체를 보면 소단위는 가족이요, 대단위는 민족이다. 노아의 방주 때나 아브라함이 롯의 가족을 구출할 때, 그리고 여호수아가 기생 라합과 그의 아버지의 가족을 살릴 때가 그러했다.

이니라

출 12:21~22 모세가 이스라엘 모든 장로를 불러서 그들에게 이르되 너희는 나가서 너희의 가족대로 어린 양을 택하여 유월절 양으로 잡고 우슬초 묶음을 가져다가 그릇에 담은 피에 적셔서 그 피를 문 인방과 좌우 설주에 뿌리고 아침까지 한 사람도 자기 집 문 밖에 나가지 말라

2. 여호와의 유월절

히브리어로 '유월절'을 뜻하는 '페싸흐'는 '지나치다', '넘어가다', '보호하다'란 뜻을 갖는 동사 '파싸흐'에서 유래되었다.

열 번째 장자 재앙이 임하는 그 밤에 하나님께서는 애굽 땅에 두루 다니며 사람이나 짐승의 모든 처음 난 것을 다 치시고 애굽의 모든 신을 심판하셨다. 그러나 그날 밤 모세의 지시를 받고 어린 양의 피를, 좌우 문설주와 인방에 바른 집은 죽음의 천사가 지나가서 재앙을 피하게 되었다. 같은 날 밤에 구원과 심판이 동시에 임했던 것이다. 하나님께서는 이 구원의 날을 기념하여 여호와의 절기를 삼아 너희와 너희 자손이 영원한 규례로 대대로 지키라 명하셨다_{출 12:14}.

여호와의 절기는 7대 절기로 나눈다. 그 중 유월절은 특별히 3대 절기인 무교절_{유월절}과 칠칠절_{오순절}과 초막절_{장막절} 중 파종하는 봄

절기인 무교절에 속한다. 여호와의 절기는 어린 양 예수 그리스도께서 이루실 구속사와도 연결된다.

출애굽기의 열 재앙은 요한계시록의 스물한 재앙_{일곱 인, 일곱 나팔, 일곱 대접}처럼 믿지 아니하는 사람에게는 무서운 재앙이 되지만 하나님의 백성에게는 구원의 기적이 된다.

> 출 12:27 너희는 이르기를 이는 여호와의 유월절 제사라 여호와께서 애굽 사람에게 재앙을 내리실 때에 애굽에 있는 이스라엘 자손의 집을 넘으사 우리의 집을 구원하셨느니라 하라 하매 백성이 머리 숙여 경배하니라

3. 출애굽, 아브라함 언약의 성취

애굽에 큰 애곡이 있은 후 바로는 재촉하여 이스라엘 백성들을 속히 내보냈다. 이스라엘 자손은 모세의 말대로 하여 애굽 사람에게 은금 패물과 의복을 구하여 나왔다. 장정이 육십만 가량에, 애굽에 거주한 지 430년 만의 일이었다. 창세기 12장, 15장, 17장에서 아브라함에게 언약하신 말씀이 이루어진 것이다. 하나님께서는 이미 아브라함에게 이스라엘이 이방에서 객이 되어 사백 년 동안 섬길 것과 아브라함의 자손이 큰 재물을 가지고 나올 것이라고 했는데, 그대로 성취되었다. 출애굽 사건은 구원 사건이자 하나님께

서 아브라함과 그의 자손들에게 하신 말씀, 축복 그리고 언약을 이루신 사건이다. 또한 출애굽은 애굽을 섬기다가 하나님을 섬기게 된 터닝 포인트_{전환점}였다.

출 12:31~36 밤에 바로가 모세와 아론을 불러서 이르되 너희와 이스라엘 자손은 일어나 내 백성 가운데에서 떠나 너희의 말대로 가서 여호와를 섬기며 너희가 말한 대로 너희 양과 너희 소도 몰아가고 나를 위하여 축복하라 하며 애굽 사람들은 말하기를 우리가 다 죽은 자가 되도다 하고 그 백성을 재촉하여 그 땅에서 속히 내보내려 하므로 그 백성이 발교되지 못한 반죽 담은 그릇을 옷에 싸서 어깨에 메니라 이스라엘 자손이 모세의 말대로 하여 애굽 사람에게 은금 패물과 의복을 구하매 여호와께서 애굽 사람들에게 이스라엘 백성에게 은혜를 입히게 하사 그들이 구하는 대로 주게 하시므로 그들이 애굽 사람의 물품을 취하였더라

창 15:5 그를 이끌고 밖으로 나가 이르시되 하늘을 우러러 뭇별을 셀 수 있나 보라 또 그에게 이르시되 네 자손이 이와 같으리라

창 15:13~14 여호와께서 아브람에게 이르시되 너는 반드시 알라 네 자손이 이방에서 객이 되어 그들을 섬기겠고 그들은 사백 년 동안 네 자손을 괴롭히리니 그들이 섬기는 나라를 내가 징벌할지며 그 후에 네 자손이 큰 재물을 이끌고 나오리라

창 15:17~18 해가 져서 어두울 때에 연기 나는 화로가 보이며 타는

예슈아, 그 이름

《성경》이 말하는 구원이란 모든 죄와 불법으로부터 해방되는 것, 진리로 자유케 되는 것이다. 하나님의 백성은 하나님의 말씀을 온전히 듣지 못하고 보지 못하기 때문에 불법을 행하게 된다. 소경과 귀머거리는 하나님을 보지 못하고 말씀을 듣지 못하는 자이고, 그것을 치유하셔서 다시 보게 하고 듣게 하시는 것이 '예슈아'의 구원이다. 복된 소식_{복음}을 들은 자는 죄와 사망의 종노릇으로부터 해방되며, 의인이 되어 영원한 생명에 들어간다. 그러나 악인들은 영벌에 들어간다.

1. 예슈아

예슈아는 예수님의 히브리 이름이다. 이는 '구원하다'에서 유래했으며, '구원'이라는 의미를 담고 있다. 영어 철자는 '여호수아'지만, 히브리어에서 헬라어로 번역될 때 발음 때문에 원음 '예슈아'를 그대로 옮길 수가 없어서 영어 철자로 '예수'가 되었다. 애굽에서 종 노릇하던 때로부터 나와 광야에서 하나님의 말씀으로만 살게 되고, 안식의 땅인 가나안에 들어가는 것을 구원이라 하는데, 가나안에 못 들어간 자들도 있었다.

2. 메시야, 곧 그리스도

메시야란 히브리어로 '기름 부음 받은 자'를 뜻하며, 헬라어로는 '그리스도'로 표현된다. 이사야는 임마누엘의 징조사 7:10-17와 더불어 기묘자요, 모사요, 전능하신 하나님이요, 영존하시는 아버지시요, 평강의 왕으로서 메시야를 소개했다사 9:6. 나아가 고통과 대속 죽음

을 통해 하나님의 백성을 구원으로 인도할 '고난의 종'으로 묘사
했다 사 52:13, 53:12. 예레미야는 '의로운 가지'램 23:5-6, 에스겔은 '목자'겔
34:23-24, 37:22, 다니엘은 '인자'단 7:13 등으로 다양하게 메시아를 묘사했
다. 구약시대에는 왕, 선지자, 제사장이 기름부음을 받았는데, 이
기름은 하나님의 영광과 성품 그리고 그분의 임재가 임하는 것을
뜻한다. 신약시대 이후에는 그리스도를 믿는 모든 성도들이 하나
님으로부터 기름부음, 성령을 받는다.

> **사 9:6** 이는 한 아기가 우리에게 났고 한 아들을 우리에게 주신 바 되었
> 는데 그의 어깨에는 정사를 메었고 그의 이름은 기묘자라, 모사라, 전
> 능하신 하나님이라, 영존하시는 아버지라, 평강의 왕이라 할 것임이라
> **사 11:1~2** 이새의 줄기에서 한 싹이 나며 그 뿌리에서 한 가지가 나서
> 결실할 것이요 그의 위에 여호와의 영 곧 지혜와 총명의 영이요 모략
> 과 재능의 영이요 지식과 여호와를 경외하는 영이 강림하시리니
> **요 4:25** 여자가 이르되 메시야 곧 그리스도라 하는 이가 오실 줄을 내
> 가 아노니 그가 오시면 모든 것을 우리에게 알려 주시리이다

3. 임마누엘

임마누엘은 '하나님이 우리와 함께 계시다'라는 뜻이다. 하나님께
서 함께하시면 부족함이 없다. 그래서 하나님께서 함께하심은 나

의 목자되심과 연결된다.

예슈아의 흔적, 십자가

사도 바울은 십자가의 흔적을 강조했다. 십자가는 기독교도를 상
징하는 '十'자 모양의 표다. 흔적은 실체가 없어졌거나 지나간 자리
에 남은 자국이나 자취를 말하는데, 십자가의 흔적은 예수님의 십
자가 죽음과 부활, 승천을 믿는 자들에게 새겨진 지워지지 않는 표
를 말하며, 곧 성령, 성령의 불을 뜻한다. 곧 주님 안에서의 불도장
을 찍힌 흔적이요 인침이요 증표인 것이다.

예수님도 하나님의 인침을 받았다. "인자는 아버지 하나님께서
인치신 자니라"요 6:27b. 예수님을 믿는 자들도 하나님의 인침을 받는
데, 그것은 바로 성령님이시다. "그 안에서 너희도 진리의 말씀 곧

너희의 구원의 복음을 듣고 그 안에서 또한 믿어 약속의 성령으로 인치심을 받았으니"_{엡 1:13}.

성령의 불은 반드시 회심 후 거룩하고 성스러운 예수 십자가 안에서만 이루어지는 불이다. 이 불을 받은 성도는 그리스도의 은혜에서 떠날 수 없다. 왜냐하면 영원한 표식, 인침이 되기 때문이다. 성령의 인침은 단순한 행위가 아니라, 성령 세례와 회개, 믿음의 증거, 성령의 임재가 따른다.

> **딤후 2:19** 그러나 하나님의 견고한 터는 섰으니 인침이 있어 일렀으되 주께서 자기 백성을 아신다 하며 또 주의 이름을 부르는 자마다 불의에서 떠날지어다 하였느니라
>
> **계 7:4** 내가 인침을 받은 자의 수를 들으니 이스라엘 자손의 각 지파 중에서 인침을 받은 자들이 십사만 사천이니
>
> **계 9:4** 그들에게 이르시되 땅의 풀이나 푸른 것이나 각종 수목은 해하지 말고 오직 이마에 하나님의 인침을 받지 아니한 사람들만 해하라 하시더라

1. 다 이루었다

"테텔레스타이_{다 이루었다}"는 예수님께서 십자가 위에서 마지막으로 하신 가상칠언 중 한 말씀이다. 무엇을 다 이루신 걸까? 하나님께

서 이 땅에 예수님을 보내셔서 하실 일을 다 이루셨다는 뜻이다. 예수님의 십자가 위 죽음은 하나님 아버지께서 보내신 뜻, 즉 사명을 완성하신 것을 뜻한다. 십자가를 진다는 의미는 그래서 하나님의 뜻, 사명, 소명과 이어진다.

2. 휘장이 찢어지다

이 일은 예수께서 십자가에 달리셔서 6시간 후 숨을 거두시자마자 일어난 사건이다. 휘장은 지성소와 성소를 나누는 장막_{커튼}인데, 지성소는 대제사장조차도 일 년에 딱 한 번, 대속죄일에만 들어갈 수 있었다. 그런데 예수님께서 숨지신 때 성소의 휘장이 위에서 아래로 찢어졌다. 이 의미는 대제사장만 들어갈 수 있었던 지성소가 우리 모두에게 열린 것이다.

이 '찢어졌다'라는 단어는 마가복음에 딱 두 번 사용된다. 같은 헬라어 단어는 예수께서 침례를 받으시고 물에서 올라오실 때_{막 1:10}와 십자가 선상에서 숨을 거두신 직후_{막 15:38}에 사용되었다. 하늘이 찢어짐으로써 하늘이 땅에 임하기 시작했고, 휘장이 찢어짐으로써 하나님의 임재_{지성소}가 제사장인 우리에게까지 열린 것이

다. 이 땅에서 예수님의 사역 첫 순간과 마지막 순간에 하신 놀라
운 일이다.

3. 십자가의 흔적

성도는 십자가의 흔적, 예수의 흔적을 남겨야 한다. 이는 예수님
이 모든 사람의 죄를 대속하기 위해 십자가에 못 박혀 죽은 데서 유
래했으며 수난, 희생, 사랑, 구원, 승리의 표상이다. 예수님은 아버
지의 뜻을 받들어 순종했다. 사도 바울도 순종했고, 베드로도 순종
했다. 우리도 순종해야 한다. 성도의 자랑은 십자가의 흔적과 영광
뿐이다. 바울 사도는 말했다. "내가 내 몸에 예수의 흔적을 지니고
있노라"라고.

4. 십자가를 지다

십자가를 진다는 것은 나를 보내신 이의 뜻을 감당한다는 것이다. 소명을 따르고, 사명을 완수하는 것이다. 예수를 따른다는 것은 희생과 헌신, 고난을 감수하며 자기 십자가를 지는 것이다. 자기 십자가를 진다는 것은 자기를 부인하는 것이다. 자기 뜻을 부인하는 것이다. 자기 소유를 부인하는 것이다. 자기 뜻과 소유를 포기하고 내려놓는 것이다. 그리고 하나님의 뜻을 감당하는 것이다.

참된 기도

참된 기도란 오직 하나님의 뜻에 맞춰 순종하고 종국에는 하나님께 영광을 드리는 기도이다. 예수님이나 모세와 다윗, 바울의 기도를 통해서 우리는 기도가 어떠해야 하는지 알 수 있다. 참된 기도는 하나님께서 내 소원을 허락지 아니하시고, 주님의 응답이 내 뜻과 다를지라도 겸손히 순종하고 감사를 올리는 기도이다.

1. 겸손하면서 간절한 기도

바라는 바가 무엇인지 필요와 간구를 주께 겸손히, 간절하게 아뢰는 것이 참된 기도의 요건이다. 참된 기도는 하나님의 마음을 움직일 수 있다. 시내산에서 모세가 사십 주야 금식 후 두 돌판을 받아 내려와보니 아론과 백성이 금송아지 신상을 만들어 제사를 지내고 있었다. 하나님께서 진노하시고 그들을 진멸하시고자 했다. 이때 모세가 하나님께 겸손히 간절한 기도를 올렸다. 그리하여 하나님께서는 뜻을 돌이키시고 진노를 거두셨다.

아무리 어마어마한 죄를 지어도 회개와 겸손으로 간구하는 한 사람의 간절한 기도는 하늘 보좌를 움직인다. 개인뿐 아니라 때론 가정이나 교회 공동체, 나라의 위기 때라도 하나님께 겸손히 기도하면, 그분은 뜻을 돌이키신다. 살리고자 간구하는 기도는 분명 가치가 있다.

출 32:11~14 모세가 그의 하나님 여호와께 구하여 이르되 여호와여 어찌하여 그 큰 권능과 강한 손으로 애굽 땅에서 인도하여 내신 주의 백성에게 진노하시나이까 어찌하여 애굽 사람들이 이르기를 여호와가 자기의 백성을 산에서 죽이고 지면에서 진멸하려는 악한 의도로 인도해 내었다고 말하게 하시려 하나이까 주의 맹렬한 노를 그치시고 뜻을 돌이키사 주의 백성에게 이 화를 내리지 마옵소서 주의 종 아브라함과 이삭과 이스라엘을 기억하소서 주께서 그들을 위하여 주를 가리켜 맹세하여 이르시기를 내가 너희의 자손을 하늘의 별처럼 많게 하고 내가 허락한 이 온 땅을 너희의 자손에게 주어 영원한 기업이 되게 하리라 하셨나이다 여호와께서 뜻을 돌이키사 말씀하신 화를 그 백성에게 내리지 아니하시니라

대하 7:14 내 이름으로 일컫는 내 백성이 그들의 악한 길에서 떠나 스스로 낮추고 기도하여 내 얼굴을 찾으면 내가 하늘에서 듣고 그들의 죄를 사하고 그들의 땅을 고칠지라

2. 하나님의 응답에 순종하는 기도

우리의 기도는 하나님의 이름을 높이며 자신이 바라는 내용을 구체적으로 간구하는 기도여야 한다. 그러나 하나님의 응답이나 뜻이 나의 간구나 소원과 다르다면 그분의 응답에 순종해야 한다. 다윗은 자신이 화려한 백향목 궁에 거주하며 언약궤가 장막 휘장

아래 있는 것을 보고 성전을 건축하려 했다. 이에 선지자 나단도 "마음에 있는 바를 모두 행하소서 대상 17:2b"라고 답한다. 그러나 그 밤에 하나님이 나단에게 임하셔서 "내 종 다윗에게 가서 '너는 내가 거할 집을 건축하지 말라' 대상 17:4b"고 전하라 하신다. 이에 다윗은 허락지 아니하시는 하나님의 응답에 순종한다. 이때 하나님은 다윗에게 언약 다윗 언약을 해주시며, 아들 솔로몬 때 성전을 건축할 것을 허락하신다.

> 대상 17:4~5 가서 내 종 다윗에게 말하기를 여호와의 말씀이 너는 내가 거할 집을 건축하지 말라 내가 이스라엘을 애굽에서 올라오게 한 날부터 오늘까지 집에 있지 아니하고 오직 이 장막과 저 장막에 있으며 이 성막과 저 성막에 있었나니

3. 하나님께 감사하고 찬양하는 기도

참된 기도는 하나님의 말씀을 통과 관통한 후 내 뜻을 내려놓게 된다. 세상과 나는 간곳없고, 생명과 구원의 하나님께 올리는 영광과 찬양만 남게 된다. 참된 기도의 열매는 하나님의 뜻을 깨달아 성취하고 이루는 것이다.

나단을 통해 하나님의 응답을 듣고 난 후, 다윗은 성전 건축에 대한 소원에서 하나님의 비전으로 초점을 맞춘다. 다윗은 아브라함의 언

약, 여호수아 때 취하지 못한 땅을 회복하기 위해 정복전쟁^{이전까지는 방어} ^{전쟁이었다}을 시작한다. 응답에 대한 감사 기도는 입술의 고백으로 그치는 것이 아니라, 하나님의 뜻을 이루는 행동, 순종으로 이어진다.

> **대상 17:16~18** 다윗 왕이 여호와 앞에 들어가 앉아서 이르되 여호와 하나님이여 나는 누구이오며 내 집은 무엇이기에 나에게 이에 이르게 하셨나이까 하나님이여 주께서 이것을 오히려 작게 여기시고 또 종의 집에 대하여 먼 장래까지 말씀하셨사오니 여호와 하나님이여 나를 존귀한 자들 같이 여기셨나이다 주께서 주의 종에게 베푸신 영예에 대하여 이 다윗이 다시 주께 무슨 말을 하오리이까 주께서는 주의 종을 아시나이다

4. 참된 기도는 영의 호흡이다

참된 기도는 성령께서 인도해 주신다. 사도 바울은 아시아에서 전도 사역을 잘하고 있었다. 2차 전도 사역에서도 아시아로 가서 복음을 전하기를 원했다. 그러나 성령께서는 복음 동진이 아닌, 복음 서진을 원하셨다. 그리하여 방향을 틀게 되었다. 복음은 로마에서 유럽으로, 영국에서 미국으로, 아시아로, 한국에까지 확장되어 갔다. 하나님의 비전이 '마게도냐'라면 성령께서 인도하시대로 그 방향과 비전을 수정해야 한다.

행 16:6~10 성령이 아시아에서 말씀을 전하지 못하게 하시거늘 그들이 브루기아와 갈라디아 땅으로 다녀가 무시아 앞에 이르러 비두니아로 가고자 애쓰되 예수의 영이 허락하지 아니하시는지라 무시아를 지나 드로아로 내려갔는데 밤에 환상이 바울에게 보이니 마게도냐 사람 하나가 서서 그에게 청하여 이르되 마게도냐로 건너와서 우리를 도우라 하거늘 바울이 그 환상을 보았을 때 우리가 곧 마게도냐로 떠나기를 힘쓰니 이는 하나님이 저 사람들에게 복음을 전하라고 우리를 부르신 줄로 인정함이러라

응답받는 기도

기도의 가치, 기도의 능력은 시간의 많음이나 수려한 내용 등에 있는 것이 아니다. 응답 여부가 결정한다. 주의 뜻대로 믿음을 따라서 부르짖는 기도가 진정 응답을 받는 기도이다.

렘 33:2~3 일을 행하시는 여호와, 그것을 만들며 성취하시는 여호와, 그의 이름을 여호와라 하는 이가 이와 같이 이르시도다 너는 내게 부르짖으라 내가 네게 응답하겠고 네가 알지 못하는 크고 은밀한 일을 네게 보이리라

1. 주의 뜻대로 구해야 함

우리의 기도가 응답을 받으려면, 하나님의 뜻대로 구해야 한다. 주의 말씀을 따라서 구하는 모든 기도는 반드시 응답을 받는다. 이것은 주께서 약속하신 것이다요 15:7. 따라서 우리의 기도가 효과적인 기도, 능력 있는 기도가 되려면 반드시 주의 뜻을 따라서 구해야 한다.

> 욘 11:14 무리가 여호와께 부르짖어 이르되 여호와여 구하고 구하오니 이 사람의 생명 때문에 우리를 멸망시키지 마옵소서 무죄한 피를 우리에게 돌리지 마옵소서 주 여호와께서는 주의 뜻대로 행하심이니이다 하고

2. 믿음을 따라서 구해야 함

엘리야는 우리와 성정이 같은 사람인데도 그가 기도하매 3년 6개월 동안 이스라엘 땅에 비가 오지 않았고, 그가 다시 기도하니 큰 비가 내렸다. 그 원인과 비결이 어디에 있는지를 알아야 승리하는 기도 생활이 가능하다. 그 비결은 바로 믿음이다. 믿음의 기도는 위대한 역사를 가능하게 한다.

> 왕상 18:41~44 엘리야가 아합에게 이르되 올라가서 먹고 마시소서 큰 비 소리가 있나이다 아합이 먹고 마시러 올라가니라 엘리야가 갈

멜 산 꼭대기로 올라가서 땅에 꿇어 엎드려 그의 얼굴을 무릎 사이
에 넣고 그의 사환에게 이르되 올라가 바다쪽을 바라보라 그가 올라
가 바라보고 말하되 아무것도 없나이다 이르되 일곱 번까지 다시 가
라 일곱 번째 이르러서는 그가 말하되 바다에서 사람의 손 만한 작은
구름이 일어나나이다 이르되 올라가 아합에게 말하기를 비에 막히지
아니하도록 마차를 갖추고 내려가소서 하라 하니라

약 5:17~18 엘리야는 우리와 성정이 같은 사람이로되 그가 비가 오지
않기를 간절히 기도한즉 삼 년 육 개월 동안 땅에 비가 오지 아니하고
다시 기도하니 하늘이 비를 주고 땅이 열매를 맺었느니라

3. 형제를 위해 구해야 함

　형제들을 위한 중보 기도는 우리 모든 성도들을 향한 하나님의
요청이며, 형제들에 대한 우리의 의무이기도 하다. 비록 우리가 그
들의 곤경에 도움을 줄 만한 것이 아무것도 없을지라도 기도로 도
울 수 있는 길은 항상 열려 있다. 그러므로 우리는 이를 최대한 활
용해야 한다. 응답받는 기도는 주의 뜻대로, 믿음을 따라서 하는,
형제를 위한 중보 기도이다.

　나에게는 서원한 사역, 선교, 교회를 세우는 것 등 하나님의 사업
을 위하여 죽는 날까지 지원해 주는 기도의 12의인 용사가 있다. 이
얼마나 감사하고 행복한 일인가! 그들이야말로 진정한 나의 형제

이자, 자매이며, 가족이다.

기도에 응답하시는 하나님!

1. 아니마민

제2차 세계 대전 이후 유대인들은 유월절이면 '아니마민'이라는 노래를 꼭 부른다. 히브리어로 '나는 믿는다'라는 뜻의 이 노래는 아우슈비츠 수용소에서 만들어졌다. "우리는 구세주가 오시리란 걸 믿고 있다. 그러나 구세주는 조금 늦게 오신다." 그들은 이 노래를 부르며 가스실로, 총살 현장으로 끌려갔다. 당시 한 젊은 유대인 의사는 자신도 머지않아 가스실의 제물이 될 것을 알고 있었다. 그도 이 노래를 불렀다. 그러나 그는 가사를 이렇게 바꿔 불렀다. "나는 구세주가 오시리란 걸 믿고 있다. 그러나 주님이 늦게 오시는 것이 아니라 내가 성급할 뿐이다." 그는 수용소에서 극적으로 자유를 얻었다.

2. 〈시편〉 13편

〈시편〉 13편은 이스라엘 왕으로 선택받은 다윗이 원수들의 득세와 횡행으로 극심한 고통을 겪으면서 하나님께 구원해달라고 청하는 내용이다. 다윗은 하나님의 얼굴 뵙기를 간절히 소망하였지만, 하나님은 당신의 얼굴을 다윗에게 보이지 않으셨다. 다윗은 하나님께 부르짖었다. 언제까지 침묵하실 것인지 호소하였다.

하나님께서 우리를 시험하실 때도 종종 있다. 그 기간은 우리의 믿음을 시험하기 위한 시간이다. 다윗은 호소하고 또 호소했다. 고난의 때는 하나님이 우리에게 베푸시는 기도의 기치이다. 믿고 기도하는 자를 하나님은 건져주실 것이다. 다윗의 기도에 응답해 주셨던 하나님, 오늘 우리의 기도를 들어주옵소서.

3. 모세 다이안 장군의 승리

1967년, 6일 전쟁으로 불리는 중동전쟁 당시, 이스라엘 군대를 이끌던 모세 다이안 장군은 세계가 깜짝 놀랄 만한 선언을 했다. 전체 인구가 350만 명밖에 되지 않는 이스라엘이 1억 명 이상의 인구를 자랑하는 아랍 연합국과의 전쟁에서 반드시 승리할 새로운 무기가 있다고 선언한 것이다. 사람들은 이스라엘 군대가 원자폭탄이나 수소폭탄을 능가하는 신무기를 가지고 있을 것이라고 생각했다.

그러나 모세 다이안 장군은 예상과 달리 "우리를 승리하게 할 신무기는 바로 〈시편〉 121편"이라고 발표했다. 〈시편〉 121편은 "내가 눈을 들어 산을 보라 내 도움이 어디서 오는가? 내 도움은 하늘과 땅을 만드신 주님에게서 온다. 주님께서 너를 모든 재난에서 지켜주시며, 네 생명을 지켜주실 것이다"라는 구절을 말한다. 결국 지켜주시고 도와주시는 하나님으로 인해 반드시 승리한다는 그의 믿음대로 중동전쟁은 단 6일 만에 이스라엘의 완벽한 승리로 끝났다. 할렐루야! 하나님의 도우심으로 '에벤에셀'의 승리를 한 것이다.

주님을 앙망하는 자

주를 앙망하는 자에게는 긍휼과 자비를 베푸신다. 칼과 고난 가운데서도 요동하지 않고 주를 앙망할 수만 있다면, 이는 큰 축복이다. 하나님을 앙망한다는 것은 주 안에 소망을 두고 우리 삶을 하나님께 의뢰하고 신뢰함을 뜻한다.

렘 14:22 이방인의 우상 가운데 능히 비를 내리게 할 자가 있나이까 하늘이 능히 소나기를 내릴 수 있으리이까 우리 하나님 여호와여 그리하는 자는 주가 아니시니이까 그러므로 우리가 주를 앙망하옵는 것은 주께서 이 모든 것을 만드셨음이니이다 하니라

1. 하나님을 향한 확신

다윗이 확고부동한 믿음을 가지고 있었다는 사실은 하나님께 대한 그의 신뢰가 증거한다. 그는 여호와로 인하여 자신이 안전할 것이라고 확신했다. 주는 그의 빛이셨다. 빛은 어두움을 내어 쫓는 능력으로 주께서 그의 공포, 두려움을 몰아내어 주심을 말한다. 주는 그의 구원의 빛과 생명의 능력이었다.

시 4:8 내가 평안히 눕고 자기도 하리니 나를 안전히 살게 하시는 이

2. 하나님께 청한 소원

다윗은 하나님께 한 가지를 청원했다. 그것은 바로 평생 여호와의 집에 살면서 여호와의 아름다움을 바라보며 그의 성전에서 사모하는 것이었다. 하나님과 동행하는 삶, 곧 주와 더불어 사는 것이 그의 유일한 소원이었던 것이다. 우리는 누구 혹은 무엇과 더불어 살기를 소원하고 있는가? 다윗과 같은 소원을 가져야 하겠다.

3. 하나님에 대한 찬송

다윗은 하나님의 계속적인 보호와 원수들로부터 궁극적인 승리를 확신했기에 "노래하며 여호와를 찬송하리로다"라며 여호와를 찬송했다. 하나님은 당신의 사랑하는 자들을 보호하시고, 머리를 들게 하신다. 성도들은 그분의 보호와 인도하심에 감사하며 찬양해야 한다. 다윗이 늘 찬송한 것을 본받아야 한다. 우리도 주님 안에만 안전이 있음을 확신하고, 그분을 온전히 신뢰해야 한다. 다윗을 진심으로 닮고 싶다.

시 27:6 이제 내 머리가 나를 둘러싼 내 원수 위에 들리리니 내가 그의 장막에서 즐거운 제사를 드리겠고 노래하며 여호와를 찬송하리로다

4. 우리의 꿈과 비전을 이루어주시는 하나님

이는 하나님의 전능하심과 연계된다. 그분은 우리가 어떠한 위치에 있든 우리가 구하는 꿈과 비전을 이루게 할 수 있다. 그분을 신뢰하고 자신의 삶을 의탁한 사람들은 삶의 모든 상황 속에서 그분의 도움을 받을 수 있다. 하나님은 어떠한 곤경 속에서도 꿈과 비전을 이루는 데 도움을 주시는 분이다. 한겨울 혹독한 추위가 지나면 봄이 오고 꽃은 핀다.

시 146:5 야곱의 하나님을 자기의 도움으로 삼으며 여호와 자기 하나님에게 자기의 소망을 두는 자는 복이 있도다

기쁨이 넘치는 나의 일생

내 안에 항상 기쁨이 넘치는 이유에 대해 고백하려 한다. 진정한 행복은 마음속 기쁨의 분량에 비례한다. 내 일생이 기쁨으로 넘쳤던 것은 하나님의 사랑 안에 거했기 때문이다. 하나님의 크신 사랑이 내 고통과 환난을 압도해 버렸기 때문이다. 그 사랑 안에 거하는 비결은 하나님의 말씀, 계명을 지키는 것이다.

요 15:9~11 아버지께서 나를 사랑하신 것 같이 나도 너희를 사랑하였으니 나의 사랑 안에 거하라 내가 아버지의 계명을 지켜 그의 사랑 안에 거하는 것 같이 너희도 내 계명을 지키면 내 사랑 안에 거하리라 내가 이것을 너희에게 이름은 내 기쁨이 너희 안에 있어 너희 기쁨을 충만하게 하려 함이라

1. 환난 중에 기뻐함

진정한 기쁨, 하나님께로부터 난 기쁨은 환경이나 여건을 초월한다. 즉, 환난의 극한 시련 가운데서도 기뻐하는 것으로, 성도들에게는 이 기쁨이 약속되었다. 따라서 우리는 어떤 형편에서든 슬퍼하거나 좌절하지 말고 기뻐해야 한다. 주를 믿는다면 기뻐함이 마땅하다. 비록 무성하지 못하고, 열매가 없으며, 소출이 없고, 먹을

것이 없으며, 양과 소가 없을지라도.

2. 여호와로 말미암은 기쁨

하박국의 기쁨은 환경에서 오는 것이 아니라 여호와로 말미암아 온 것이다. 이 기쁨은 구원의 하나님으로 말미암아 온 것이다, 이것이야말로 성도에게는 최고의 기쁨이다. 우리는 항상 기뻐하되 환경이 아니라, 오직 우리의 구원자이신 주로 말미암아 기뻐해야 한다.

3. 기뻐할 수 있는 이유

전능하신 하나님은 우리 성도들에게 힘과 능력이 되신다. 주를 의뢰하는 사람들, 주를 기뻐하는 사람들은 열악한 환경이나 여건

가운데서도 절대 실패하는 법이 없으며 반드시 위대한 하나님의 일을 성취하게 된다. 이 일은 나의 일이 아닌 하나님의 일이기에 위대하다. 또한 실패같아 보여도 이미 2천 년 전에 주님은 승리하셨다. 하나님을 버리고 세상을 의뢰하는 사람들은 어리석음으로 인해 통한의 눈물을 흘릴 수밖에 없음을 명심해야 한다. 그러니 환난 중에도 힘과 능력이 되시는 하나님으로 말미암아 기뻐하여야 한다.

> **합 3:19** 주 여호와는 나의 힘이시라 나의 발을 사슴과 같게 하사 나를 나의 높은 곳으로 다니게 하시리로다 이 노래는 지휘하는 사람을 위하여 내 수금에 맞춘 것이니라

향기로운 예배

우리는 마음과 내용을 경시하고, 형식을 중히 여기는 경향이 있다. 우리가 하나님을 경배하는 의식으로 예배가 있다. 예배를 드릴 때도 우리는 마음속의 진심을 담아 영이신, 그리고 초월적인 하나님께 경배를 드려야 할 것이다. 하나님은 어떤 예배를 받으실까? 과연 우리는 어떤 예배를 드려야 할까?

1. 성령과 말씀으로 드리는 예배

예배를 받으신 분은 하나님이심으로 영과 진리로 예배를 드려야 한다. 예배는 영이신 하나님과의 만남이다.

사 11:1~2 이새의 줄기에서 한 싹이 나며 그 뿌리에서 한 가지가 나서 결실할 것이요 그의 위에 여호와의 영 곧 지혜와 총명의 영이요 모략과 재능의 영이요 지식과 여호와를 경외하는 영이 강림하시리니

요 4:23 아버지께 참되게 예배하는 자들은 영과 진리로 예배할 때가 오나니 곧 이 때라 아버지께서는 자기에게 이렇게 예배하는 자들을 찾으시느니라

갈 5:22~23 오직 성령의 열매는 사랑과 희락과 화평과 오래 참음과 자비와 양선과 충성과 온유와 절제니 이같은 것을 금지할 법이 없느니라

2. 향기로운 냄새가 나는 예배

레위기 1~5장은 목적에 따라 드리는 5대번제, 소제, 화목제, 속죄제, 속건제 제사에 대해 말한다. 그리고 5종류의 제사는 4가지 방법화제, 요제, 거제, 전제으로 드려진다. 불로 태워서 드리는 화제火祭, 제물을 높이 들어서 바치는 거제擧祭, 제물을 흔들어서 드리는 요제搖祭, 포도주와 기름과 피 등을 부어서 드리는 전제奠祭로 나뉜다.

5대 제사 모두 하나님 앞에 향기로운 냄새를 올려드리는 '화제'를 포함한다. 요제, 거제, 전제는 목적에 따라 포함이 안 되기도 하지만, 모든 제사에 항상 희생제물을 태워 향기로운 냄새를 올리도록 하나님께서는 요구하셨다.

경배드리는 사람이 흠 없는 희생제물을 가져와서 자신의 죄를 전가하는 의미로 안수하고, 제사장이 이 제물을 잡아 단 위에 불살라 올려드릴 때 하나님은 향기로운 냄새를 받으신다. 온전히 제물을 태워 드리는 예배는 사람이 하나님께 완전히 헌신함을 뜻한다.

> **출 29:18** 그 숫양 전부를 제단 위에 불사르라 이는 여호와께 드리는 번제요 이는 향기로운 냄새니 여호와께 드리는 화세니라
>
> **롬 12:1** 그러므로 형제들아 내가 하나님의 모든 자비하심으로 너희를 권하노니 너희 몸을 하나님이 기뻐하시는 거룩한 산 제물로 드리라 이는 너희가 드릴 영적 예배니라

3. 다윗의 장막 예배

다윗의 장막은 솔로몬의 성전처럼 화려하지는 않았지만, 하나님께서는 그곳에서 드리는 예배를 기뻐 받으셨고, 임재가 있는 예배였다. 다윗의 장막 안에는 특별한 하나님의 임재와 교제와 영광이 있었다. 그곳에 하나님이 임재하시고 하나님의 영광이 늘 머문 이

유는 다윗이 하나님을 사랑하고 하나님의 영광을 사모했기 때문이다. 그가 하나님께 구하는 단 한 가지는 하나님이었다. 하나님 한 분만 있으면 초라해도 부족함이 없었고 샬롬을 누렸다.

다윗의 장막에는 휘장이 가려져 있지 않았다. 성소와 지성소를 구분하는 모세의 성막이나 솔로몬의 성전과는 달리 언약궤 앞을 가리는 휘장이 없었다. 하나님의 영광이 그대로 노출되어 있었다. 놀랍지 않은가? 신약시대도 아닌 구약시대에 말이다.

> **시 27:4** 내가 여호와께 바라는 한 가지 일 그것을 구하리니 곧 내가 내 평생에 여호와의 집에 살면서 여호와의 아름다움을 바라보며 그의 성전에서 사모하는 그것이라

시온에 거하시는 주

이제 하나님께서는 피난처인 시온에 거하신다. 시온은 '요새'라는 뜻으로 다윗이 이곳을 점령한 후 다윗성이라 불렀다. 다윗은 법궤를 시온산 아브라함 당시 모리아산으로 옮겨왔으며, 나중에는 솔로몬이 이곳에 성전을 세웠다. 《성경》에서 시온은 예루살렘 사람, 이스라엘 백성, 하나님을 의지하는 자, 하나님의 거룩한 이름이 선포되는

곳, 거룩한 산, 하나님이 택하신 장소, 하나님의 성소, 구원의 처소, 찬양과 예배의 처소, 하나님께서 통치하시는 곳, 천국 등의 의미로 사용되었다. 영원한 피난처인 시온은 다음과 같은 교훈을 주고 있다.

시 76:2~3 그의 장막은 살렘에 있음이여 그의 처소는 시온에 있도다 거기에서 그가 화살과 방패와 칼과 전쟁을 없이하셨도다 [셀라]

시 84:1~12 만군의 여호와여 주의 장막이 어찌 그리 사랑스러운지요 내 영혼이 여호와의 궁정을 사모하여 쇠약함이여 내 마음과 육체가 살아 계시는 하나님께 부르짖나이다 나의 왕, 나의 하나님, 만군의 여호와여 주의 제단에서 참새도 제 집을 얻고 제비도 새끼 둘 보금자리를 얻었나이다 주의 집에 사는 자들은 복이 있나니 그들이 항상 주를 찬송하리이다 [셀라] 주께 힘을 얻고 그 마음에 시온의 대로가 있는 자는 복이 있나이다 그들이 눈물 골짜기로 지나갈 때에 그 곳에 많은 샘이 있을 것이며 이른 비가 복을 채워 주나이다 그들은 힘을 얻고 더 얻어 나아가 시온에서 하나님 앞에 각기 나타나리이다 만군의 하나님 여호와여 내 기도를 들으소서 야곱의 하나님이여 귀를 기울이소서 [셀라] 우리 방패이신 하나님이여 주께서 기름 부으신 자의 얼굴을 살펴 보옵소서 주의 궁정에서의 한 날이 다른 곳에서의 천 날보다 나은즉 악인의 장막에 사는 것보다 내 하나님의 성전 문지기로 있는 것이 좋사오니 여호와 하나님은 해요 방패이시라 여호와께서 은혜와 영화를 주시며 정직하게 행하는 자에게 좋은 것을 아끼지 아니하

1. 하나님의 성전에서는 샘이 흘러난다

하나님께서는 시온에 계시므로 여호와의 성전에서는 샘물이 흘러나온다. 이 샘물은 산들을 적시고, 시내가 물을 흘리게 한다. 그러나 포악을 행하여 대적해 왔던 애굽은 황무지가 된다. 유다 자손에게 포악했기 때문이다. 그들은 시온을 위협한 자들이다. 그러나 하나님의 백성과 그 성전에서는 말씀과 성령의 샘물이 흘러나온다. 시온에 거하라. 샘물이 흘러넘치게 하라.

욜 3:18 그 날에 산들이 단 포도주를 떨어뜨릴 것이며 작은 산들이 젖을 흘릴 것이며 유다 모든 시내가 물을 흘릴 것이며 여호와의 성전에서 샘이 흘러 나와서 싯딤 골짜기에 대리라

2. 유다의 예루살렘은 대대로 있게 된다

하나님은 유다에게 복을 선포하셨고, 예루살렘의 시온에 좌정하셨다. 그것은 자손 대대에 미치게 되었다. 다시는 방해의 손길이 빼앗지 못했다. 왜냐하면 그것들이 이미 다 제거되었기 때문이다. 우리 안에 하나님 나라가 임하면 영원한 시간적, 장소적 평강과 안

식을 시온의 건설자 예수님으로 말미암아 누리게 된다.

3. 피 흘림 당한 것을 갚아주신다

여호와는 전에는 피 흘림 당한 것을 갚아주지 아니하셨으나, 이제는 시온에 거하시며 피흘림 당한 것을 갚아주신다. 이것은 자기 백성을 더 높고 깊게 만드시는 것이다. 하나님께서 시온에 거하시는 것은 그 나라의 영원한 통치와 그 통치를 받는 백성과의 완전한 사랑과 관계의 연합을 의미한다. 반대로 하나님으로부터 유리된 무리들은 그들이 행한 악에 대한 응분의 대가를 치르게 된다.

주께서 갚으신다

하나님께서는 모든 사람에게 그들의 행위에 따라 갚아 주신다. 따라서 모든 일을 행할 때는 조심하고 주의해야 한다.

삼상 26:23 여호와께서 사람에게 그의 공의와 신실을 따라 갚으시리니 이는 여호와께서 오늘 왕을 내 손에 넘기셨으되 나는 손을 들어 여호와의 기름 부음을 받은 자 치기를 원하지 아니하였음이니이다

삼하 2:6 너희가 이 일을 하였으니 이제 여호와께서 은혜와 진리로 너희에게 베푸시기를 원하고 나도 이 선한 일을 너희에게 갚으리니

삼하 3:39 내가 기름 부음을 받은 왕이 되었으나 오늘 약하여서 스루야의 아들인 이 사람들을 제어하기가 너무 어려우니 여호와는 악행한 자에게 그 악한 대로 갚으실지로다 하니라

1. 주의 말씀은 반드시 성취됨

이 세상 사람들이 어떻게 생각하고, 어떤 방향에서 받아들이든

주의 말씀, 주의 약속은 반드시 성취된다. 우리는 주를 온전히 신뢰하고, 주께 복종해야 한다. 우리 하나님은 거짓말하시는 법이 없다. 주의 입에서 나온 모든 말씀은 가감 없이 그대로 성취된다.

2. 거룩한 생활에 힘써야 함

주의 보상 법칙을 알고 있는 성도들은 불의를 멀리하고, 의를 따라 행하며, 거룩한 생활을 하도록 힘써야 한다. 불의를 따르는 자들과 도덕적으로 깨끗하지 못한 생활을 하는 자들은 주의 상급에 참여할 수가 없다. 현재보다 미래에 더 큰 관심과 비중을 두는 사람일수록 거룩한 생활에 힘쓰는 법이다.

3. 하나님은 행한 대로 갚으심

하나님께서 각 사람에게 갚으시는 원칙과 기준은 '행한 대로'이다. 즉, 모든 사람은 자기가 심은 것을 거두고, 자기 행위의 열매를 먹도록 되어 있다. 우리가 무엇을 심고, 무슨 일에 힘쓰는가 하는 것이 매우 중요한 의미를 갖는 이유다. 미래의 중요한 결실을 위해 오늘 땀과 눈물을 심도록 힘써야 한다. 슈바이처는 이렇게 말했다. "진실로 행복한 사람은 섬기는 법을 아는 사람이다"라고.

> 시 62:12 주여 인자함은 주께 속하오니 주께서 각 사람이 행한 대로 갚으심이니이다
>
> 마 20:28 인자가 온 것은 섬김을 받으려 함이 아니라 도리어 섬기려 하고 자기 목숨을 많은 사람의 대속물로 주려 함이니라

우리를 보호하시는 하나님

우리는 세상에 버림받았다고 생각할 때가 있다. 하지만 절대 그렇지 않다. 하나님은 보이지 않는 곳에서 우리를 굳게 보호하고 계신다. 그것을 어떻게 알 수 있을까? 실제로 다음과 같이 우리를 보호하시는 하나님을 당신은 언제, 어디서든 느낄 수 있을 것이다.

1. 하나님은 언제나 안전한 곳으로 인도하신다

우리가 지금 안전하게 지낼 수 있는 것은 우리 힘만으로 이루어진 것이 아니다. 항상 우리 곁에서 안전한 곳으로 인도하시는 하나님이 있어서 가능하다. 하나님은 심한 가뭄이 들자 야곱 가족을 애굽으로 이민 가게 하셨다. 물론 요셉을 미리 애굽으로 보내셔서 고센 땅을 예비케 하셨다. 그러니 걱정, 근심을 하기에 앞서 하나님께 감사하고 신뢰하자.

2. 하나님은 있어야 할 것은 언제나 채워 주신다

하나님께서는 우리가 먹고 입고 사는 것을 비롯해 우리 주위의 모든 것을 챙겨주신다. 대표적인 사례가 엘리야와 사르밧 과부이다. 선지자 엘리야와 사르밧 여인은 자신의 힘으로는 도저히 절망적인 상황을 이겨낼 수 없었다. 하나님께서는 그런 그들에게 구원과 도움의 손길을 뻗쳐 필요한 것을 공급하고 채워서 회복시켜 주셨다. 각각 절박하고 도움이 필요했는데, 곤궁에 빠진 서로를 돕게 하시니 하나님의 일하심은 가히 특이하다.

왕상 17:8~14 여호와의 말씀이 엘리야에게 임하여 이르시되 너는 일어나 시돈에 속한 사르밧으로 가서 거기 머물라 내가 그 곳 과부에게 명령하여 네게 음식을 주게 하였느니라 그가 일어나 사르밧으로 가서 성문에 이를 때에 한 과부가 그 곳에서 나뭇가지를 줍는지라 이에 불러 이르되 청하건대 그릇에 물을 조금 가져다가 내가 마시게 하라 그가 가지러 갈 때에 엘리야가 그를 불러 이르되 청하건대 네 손의 떡 한 조각을 내게로 가져오라 그가 이르되 당신의 하나님 여호와께서 살아 계심을 두고 맹세하노니 나는 떡이 없고 다만 통에 가루 한 움큼과 병에 기름 조금 뿐이라 내가 나뭇가지 둘을 주워다가 나와 내 아들을 위하여 음식을 만들어 먹고 그 후에는 죽으리라 엘리야가 그에게 이르되 두려워하지 말고 가서 네 말대로 하려니와 먼저 그것으로 나를 위하여 작은 떡 한 개를 만들어 내게로 가져오고 그 후에 너와 네 아들을 위하여 만들라 이스라엘의 하나님 여호와의 말씀이 나 여호와가 비를 지면에 내리는 날까지 그 통의 가루가 떨어지지 아니하고 그 병의 기름이 없어지지 아니하리라 하셨느니라

3. 하나님의 도우심은 하나님의 시간카이로스에 나타난다

하나님께서는 전쟁과 포로생활 중에서도 긍휼을 잊지 않으시고 택한 자를 결코 버리지 않는 분이시다. 바벨론 포로생활 70년 중에도 하나님은 결코 이스라엘을 잊지도, 버리지도 않으셨다.

하나님을 의지하라

의지라는 뜻은 '단단히 매달려 떨어지지 말라'는 것이다. 포도나무에 가지가 붙어 있듯이 말이다. 우리는 삶에서 누구를, 무엇을 의지하고 있는가? 하나님을 의지하는 방법을 소개한다.

> **요 15:4~5** 내 안에 거하라 나도 너희 안에 거하리라 가지가 포도나무에 붙어 있지 아니하면 스스로 열매를 맺을 수 없음 같이 너희도 내 안에 있지 아니하면 그러하리라 나는 포도나무요 너희는 가지라 그가 내 안에, 내가 그 안에 거하면 사람이 열매를 많이 맺나니 나를 떠나서는 너희가 아무 것도 할 수 없음이라

1. 하나님과 하나가 돼라

아버지의 넓고 단단한 등에 업힌 아들을 아무도 떼어놓지 못하듯이, 사랑과 믿음으로 굳게 결속된 하나님과 그의 자녀된 성도를 갈라놓을 자는 아무도 없다.

> **롬 8:35** 누가 우리를 그리스도의 사랑에서 끊으리요 환난이나 곤고나 박해나 기근이나 적신이나 칼이랴
>
> **롬 8:39** 높음이나 깊음이나 다른 어떤 피조물이라도 우리 주 그리스

도 예수 안에 있는 하나님의 사랑에서 끊을 수 없으리라

2. 하나님과 동행하라

성도는 무엇을 하든지 하나님 편에 서기 위해 힘써야 한다. 우리가 옳은 길을 갈 때 하나님께서는 우리와 동행하신다.

출 34:9 이르되 주여 내가 주께 은총을 입었거든 원하건대 주는 우리와 동행하옵소서 이는 목이 뻣뻣한 백성이니이다 우리의 악과 죄를 사하시고 우리를 주의 기업으로 삼으소서

3. 하나님만 의지하라

하나님께 의지하지 않고서 우리는 무엇을 할 수 있겠는가. 실패할 수밖에 없다. 우리는 그분에게 매달린 두 손을 더욱 단단히 움켜잡고 놓치지 않아야 한다.

고후 1:9 우리는 우리 자신이 사형 선고를 받은 줄 알았으니 이는 우리로 자기를 의지하지 말고 오직 죽은 자를 다시 살리시는 하나님만 의지하게 하심이라

신 30:20 네 하나님 여호와를 사랑하고 그의 말씀을 청종하며 또

그를 의지하라 그는 네 생명이시요 네 장수이시니 여호와께서 네 조상 아브라함과 이삭과 야곱에게 주리라고 맹세하신 땅에 네가 거주하리라

하나님께 순종하라

하나님을 사랑하는 자는 마땅히 그 말씀에 순종해야 한다. 믿음과 행함은 불가분의 관계에 있기 때문이다. 행함으로 이끄는 그러한 믿음의 순종은 우리에게 어떤 의미를 지니고 있을까?

약 2:17 이와 같이 행함이 없는 믿음은 그 자체가 죽은 것이라

눅 17:6 주께서 이르시되 너희에게 겨자씨 한 알만한 믿음이 있었더라면 이 뽕나무더러 뿌리가 뽑혀 바다에 심기어라 하였을 것이요 그것이 너희에게 순종하였으리라

히 11:8 믿음으로 아브라함은 부르심을 받았을 때에 순종하여 장래의 유업으로 받을 땅에 나아갈새 갈 바를 알지 못하고 나아갔으며

히 11:31 믿음으로 기생 라합은 정탐꾼을 평안히 영접하였으므로 순종하지 아니한 자와 함께 멸망하지 아니하였도다

1. 성도를 강성하게 만드는 순종

순종이란 하나님의 말씀, 뜻, 성품, 능력, 지혜를 자신의 삶에 적용하는 행위이다. 따라서 순종이야말로 우리를 강성케 하는 비결이라 할 수 있다. 강성한 자만이 승리할 수 있다. 참된 승리의 비결은 하나님의 말씀에 순종함으로써 그 능력을 힘입는 데 있다. 참으로 믿는 자는 승리의 영광을 누린다. 하나님께서는 참 믿음의 소유자를 언제나 승리케 하신다.

2. 성도를 약속의 성취로 인도하는 순종

순종하는 자를 하나님께서는 축복해 주신다. 순종하라. 그리하면 다음과 같은 복을 얻을 수 있다.

세계 모든 민족 위에 뛰어나게 하신다. 총칼로 세계를 정복하려고 한 사람들이 종종 있었다. 그들은 역사의 수레바퀴 속으로 사라지고 말았다. 그러나 하나님 말씀에 순종하면 진정으로 세계 모든 민족보다 뛰어날 수 있었다. 세계의 역사는 하나님께서 다스리신다. 하나님의 손을 벗어나 할 수 있는 것은 아무것도 없다.

복을 주신다. 복의 비결은 하나님께 대한 순종에서 비롯된다. 아브라함의 언약을 기억하라. 하나님께 순종하는 사람은 생활의 복, 자녀의 복, 소유의 복, 경제적인 복, 장수의 복, 영생의 복을 누리게 된다. 이것들은 우리 삶에 필요한 모든 것을 의미하며, 육적·영적인 복 모두 주시겠다는 약속이다.

출 19:5~6 세계가 다 내게 속하였나니 너희가 내 말을 잘 듣고 내 언약을 지키면 너희는 모든 민족 중에서 내 소유가 되겠고 너희가 내게 대하여 제사장 나라가 되며 거룩한 백성이 되리라 너는 이 말을 이스라엘 자손에게 전할지니라

신 26:19 그런즉 여호와께서 너를 그 지으신 모든 민족 위에 뛰어나게 하사 찬송과 명예와 영광을 삼으시고 그가 말씀하신 대로 너를 네 하나님 여호와의 성민이 되게 하시리라

신 28:1 네가 네 하나님 여호와의 말씀을 삼가 듣고 내가 오늘 네게 명령하는 그의 모든 명령을 지켜 행하면 네 하나님 여호와께서 너를 세계 모든 민족 위에 뛰어나게 하실 것이라

3. 성도를 생명으로 인도하는 순종

믿음이란 무엇인가? 그것은 곧 하나님께 대한 순종이며, 영생으로 인도한다. 즉 믿음은 순종과 연결되고, 영원한 생명으로 인도한다. 불순종의 결과는 죄와 사망이다. 창세기 3장 15절을 '원시복음'이라 부른다. 이 여자의 후손을 예수 그리스도로 해석한다. 여자의 후손이 뱀의 머리를 상하게 할 것이라고 예언한다. 이는 최초로 인간 구원에 대한 암시를 담고 있다.

> **창 3:15** 내가 너로 여자와 원수가 되게 하고 네 후손도 여자의 후손과 원수가 되게 하리니 여자의 후손은 네 머리를 상하게 할 것이요 너는 그의 발꿈치를 상하게 할 것이니라 하시고
>
> **요 14:6** 예수께서 이르시되 내가 곧 길이요 진리요 생명이니 나로 말미암지 않고는 아버지께로 올 자가 없느니라

계명을 지키면

하나님의 계명을 지키면 어떤 복을 받게 되는가?

> **출 20:6** 나를 사랑하고 내 계명을 지키는 자에게는 천 대까지 은혜를

1. 하나님 앞에 담대히 나아감

인간은 하나님 앞에서 아무도 담대할 수 없다. 그러나 계명을 지킨 사람은 하나님 앞에서 담대함을 얻는다고 하였다. 계명을 잘 지킨 자는 하나님 앞에 기쁨으로 설 수 있다. 그는 아담처럼 하나님의 책망과 심판이 두려워서 숨을 필요가 없는 사람이다. 반면, 하나님의 말씀을 거역한 인간은 두려움에 빠진다.

요일 3:21 사랑하는 자들아 만일 우리 마음이 우리를 책망할 것이 없으면 하나님 앞에서 담대함을 얻고

2. 기도를 응답해 주심

〈시편〉에서 기자는 그 마음에 죄악이 없기 때문에 하나님께서 기도를 응답해 주셨다고 고백하고 있다시 66:18~19. 요한도 계명을 잘 지킬 때 하나님께서 기도를 응답해 주신다고 가르쳐주고 있다. "무엇이든지 구하는 바를 그에게서 받나니"라는 구절은 예수님의 가르치심과 비슷하다마 7:7~8. 우리는 무엇이든지 기도함으로써 응답받는 자가 되어야 한다. 기도를 응답받는 비결은 우리가 예

수 그리스도의 계명을 지키고, 그분 앞에서 기뻐하시는 것을 행하
는 것이다.

3. 서로 사랑

'꽃이 피는 봄날에만'

꽃이 피는 봄날에만 주의 사랑 있음인가. 열매 맺는 가을에만 주의
은혜 있음인가. 땀을 쏟는 여름에도 주의 사랑 여전하며. 추운 겨
울 주릴 때도 주의 위로 변함없네. (중략) 저 천국을 바라보니 이 세
상은 나그네길. 죽음의 길 피하라며 나의 갈길 막지 말라. 내게 맡긴
양을 위해 나의 겨레 평화 위해. 우리 주님 가신 길을 충성으로 따
르리라.

위는 고 손양원 목사님1902~1950의 찬송시로, 찬송가 541장의 일부
이다. 손양원 목사님은 일본 제국의 신사참배에 끝까지 맞서 투쟁
한 항일 독립운동가이자, 애양원에서 나병 환자들에 대한 구호 사
업과 전도 활동을 한 분이다. 6·25 전쟁 중 돌봐줄 사람 없는 애양
원 환자들을 버리고 갈 수 없었기에 피난을 포기했으며, 아들을 죽

인 원수마저도 사랑으로 품으셨다. 그분의 삶은 사랑 자체였다.

거룩한 사랑

바리새인들이 예수님을 시험하기 위해 가장 큰 계명에 대해 물었다.

1. 가장 큰 계명

율법 중에 가장 큰 계명은 하나님 사랑이지만 이웃에 대한 사랑도 본질상 하나였다. 예수님께서는 "네 마음을 다하고 목숨을 다하고 뜻을 다하여 너의 하나님을 사랑하라는 것이 크고 첫째 되는 계명이요, 둘째로 네 이웃을 네 자신같이 사랑하라는 것도 이와 같다”고 하셨다. 사랑은 율법의 핵심이다. 마음과 목숨과 뜻을 다하는 사랑_{아가페}은 하나님이 원하시는 신앙의 열매였다.

> **마 22:37~38** 예수께서 이르시되 네 마음을 다하고 목숨을 다하고 뜻을 다하여 주 너의 하나님을 사랑하라 하셨으니 이것이 크고 첫째 되는 계명이요
>
> **롬 13:8** 피차 사랑의 빚 외에는 아무에게든지 아무 빚도 지지 말라 남을 사랑하는 자는 율법을 다 이루었느니라
>
> **갈 5:14** 온 율법은 네 이웃 사랑하기를 네 자신 같이 하라 하신 한 말씀에서 이루어졌나니

2. 가장 큰 실천

하나님께서는 사랑의 실천으로 하나님 사랑과 이웃 사랑이라는 두 가지 방법을 제시하셨다. 보이는 사람을 사랑할 수 없는 사람은 보이지 않는 하나님을 사랑할 수 없다 _{요일 4:20}. 또한 하나님을 사랑하는 길은 사람을 사랑하는 길밖에 없다. 사람을 사랑하는 방법은 “네 이웃을 네 몸같이 사랑하라”는 것이다. 자비를 베푼 착한 사마리아인의 비유가 사랑의 실천을 잘 보여준다 _{눅 10:25~37}.

3. 가장 큰 신앙

그리스도는 다윗의 자손으로 오셨으나, '주'이셨다. 오늘날 그리스도를 대하는 태도가 점차 바리새인화 되고 있다. "주여, 주여"를 외치는 사람은 많으나, 주의 뜻대로 사랑하며 사는 사람은 많지 않다. 사도 바울은 모든 율법이 사랑 안에 다 들어 있다고 했다. 그리고 성도의 신앙 중 믿음 소망 사랑은 항상 있어야 하는데, 그중의 제일은 사랑이라고 했다.

우리는 오직 주님만을 사랑하고, 그 뜻대로 사랑하며 사는 자가 되어야 한다. 나는 진정 하나님과 이웃 사랑의 실천자인가? 주님께서는 우리를 위해서, 나를 위해서 사랑의 십자가를 지셨는데, 나도 우리 주님을 위해서 사랑으로 빚어진 순교의 십자가를 지고 싶다.

푸른 초장과 쉴 만한 물가

광야 생활은 기쁨인가, 고난인가? 어느 누군가에게는 푸른 초장이 될 수도 있고, 어느 누군가에는 애굽을 그리워하며 헛수고와 헛일의 연속이 될 수도 있다. 하나님께서 계획하셨던 광야는 여호와께서 함께하시므로 부족함이 없는 생활이다. 구원받은 하나님의 백성은 부족함이 없다. 왜냐하면 하나님이 주신 샬롬이 있기 때문이다. 예수님이 함께하시고 나의 목자가 되어주시면 그 어디나 하늘나라다.

모든 고난과 시련을 통과한 유익은 하나님을 의지하는 성도들의 고백이요, 산 기도요, 기쁨이요, 간증이 된다. 그들은 이 경험을 통해 새 노래를 부르며 하나님과 깊은 교제를 누리게 된다고후 8:2. 메시야를 대적하는 것은 허사이다. 그는 만왕의 왕이시므로 그를 대적함은 어리석은 짓이다.

1. 여호와의 목장은 부족함이 없는 세계이다

여호와의 '나의 목자'라는 말은 단순한 이론이 아니라 체험을 통해 얻어진 신앙 고백이다. 목자되신 하나님이 함께하시면 두려움, 고통, 궁핍 속에서도 나의 모든 필요를 채우시기에 부족함이 없다는 믿음의 표현이다. 하나님의 통치가 미치는 곳은 항상 모든 것이 풍부함을 보여준다.

인간이 통치하는 곳은 결핍과 가난, 불평과 다툼, 실패와 몰락이 있어도 하나님의 통치가 미치는 '여호와의 목장'은 풍요와 안식과 평화와 승리의 상 Reward 이 있다. 그곳은 세상에서 결코 경험할 수 없는 최대의 복이 넘쳐흐른다. 여호와는 선하고 인자한 목자요, 내가 양이라는 비유는 보호와 안전, 인도가 보장된다는 믿음이 바탕이 된다.

시 23:1 여호와는 나의 목자시니 내게 부족함이 없으리로다

2. 여호와의 목장은 육신의 풍성함과 안식이 있는 세계이다

'푸른 풀밭'은 배고픔이 있을 수 없고, '쉴 만한 물가'는 목마름이

있을 수 없다. 물론 목자가 풀밭으로, 물가로 인도해도 양이 먹거나 마시지 않으면 주리고 목마를 수도 있다. 그러나 주님은 그렇게 곤고함에 처한 영혼들을 생명의 푸른 강가로 인도하신다. 푸른 풀밭에 양을 누이시고 쉴 만한 물가로 인도하시는 것은 단순히 육신의 배를 채우는 것에 끝나지 않고, 쉼을 겸해 풍성한 삶을 누리기를 바라는 목자의 뜻이 있다.

> **시 23:2** 그가 나를 푸른 풀밭에 누이시며 쉴 만한 물 가로 인도하시는도다

3. 여호와의 목장은 영혼의 돌봄이 있는 세계이다

'소생슈브'은 히브리어로 '되돌아오다'라는 뜻이다. 방황하는 영혼을 의의 길로 되돌아오게 하신다는 의미도 담고 있다. 하나님으로부터 단절될 때, 인간은 그 영혼이 곤고함에 처하고, 영적으로 무거운 압박을 느끼게 된다. 그러나 주님은 그렇게 곤고함에 처한 영혼들을 의의 길, 생명의 길, 구원의 길로 인도하신다.

> **시 23:3** 내 영혼을 소생시키시고 자기 이름을 위하여 의의 길로 인도하시는도다

4. 여호와의 목장은 영육의 보호와 안전이 보장된 세계이다

끝이 둥글게 꺾인 지팡이는 양이 길을 잘못 갈 때 이끌어 주며, 긴 일자형 막대기는 맹수가 양을 공격할 때 목자가 직접 싸워 보호하시는 도구이다. 이때 목자는 양이 맹수와 싸우도록 내버려 두지 않으신다. 하나님께서는 우리의 인도자와 보호자가 되어 주시기에 사망의 음침한 골짜기 같은 세상에서도 하나님을 의지하고 따르는 자들은 해를 두려워하지 않는다. 여호와의 목장이야말로 양의 실수와 잘못, 외부의 공격으로부터 철저히 보호받으며 안전한 곳임을 알아야 한다.

> **시 23:4** 내가 사망의 음침한 골짜기로 다닐지라도 해를 두려워하지 않을 것은 주께서 나와 함께 하심이라 주의 지팡이와 막대기가 나를 안위하시나이다

5. 여호와의 목장은 승리의 상 Table이 있는 세계이다

목자는 양의 원수들 앞에서 상을 차려 대접해 주시고, 머리에 기름을 부으시며 잔이 넘치게 하신다. 여기서 원수란 육신이 아닌 영적 원수를 가리킨다. 메시야는 지상의 통치자이시며 역사의 운용자시므로, 그분에 대한 대적들의 대항은 무의미하다. 메시야는 이 땅의 통치자이시며 자신의 뜻에 의해 이 땅을 사랑과 진리

로 통치하신다. 사람은 할 수 없어도 하나님은 모든 것을 할 수 있으시다 마 19:26.

> 시 23:5 주께서 내 원수의 목전에서 내게 상을 차려 주시고 기름을 내 머리에 부으셨으니 내 잔이 넘치나이다

3장

광야에서 만난 하나님!

빈 들에 마른 풀같이

-찬송가 183장-

1.
빈 들에 마른 풀같이 시들은 나의 영혼
주님이 약속한 성령 간절히 기다리네

2.
반가운 빗소리 들려 산천이 춤을 추네
봄비로 내리는 성령 내게도 주옵소서

3.
철 따라 우로를 내려 초목이 무성하니
갈급한 내 심령 위에 성령을 부으소서

4.
참 되신 사랑의 언약 어길 수 있사오랴
오늘에 흡족한 은혜주실 줄 믿습니다

<후렴>
가물어 메마른 땅에 단비를 내리시듯
성령의 단비를 부어 새 생명 주옵소서 아멘

가장 절망적인 순간에

가장 절망적인 순간에는 하나님의 언약을 기억해야 한다. 〈시편〉 74편은 아삽의 마스길교훈, 지혜, 묵상, 깨달음이다. 바벨론 침공에 대한 멸망의 때를 다룬 시로, '애가'의 성격을 지니고 있다. 하나님의 진노를 받아 성소가 훼파되고 엄청난 참상을 겪고 있는 이스라엘을 위한 탄원시로, 예루살렘의 멸망과 성전 파괴를 목격한 시인의 슬픔이 녹아 있다.

아삽이 성막 찬양자로 세워진 때는 다윗이 예루살렘으로 언약궤를 옮겨와 성막을 설치했을 때였다대하 29:30. 어려운 상황에서 침묵하시는 하나님께 뜻을 구하며 호소하는 기도를 드릴 때 하나님은 다윗에게 은혜로운 역사에 관한 교훈시를 짓게 했는데, 그 과정에서 〈시편〉 74편이 생겼다.

다윗은 법궤를 모셔다 놓고 레위 사람을 세워 하나님 여호와께 감사하고 찬양하게 했는데, 이 봉사의 두목으로 아삽이 임명되었다. 진노를 발하시는 주님께 아삽은 왜 이렇게 하셨는가 호소한다.

시 74:1 하나님이여 주께서 어찌하여 우리를 영원히 버리시나이까 어찌하여 주께서 기르시는 양을 향하여 진노의 연기를 뿜으시나이까

시 74:9 우리의 표적은 보이지 아니하며 선지자도 더 이상 없으며 이런 일이 얼마나 오랠는지 우리 중에 아는 자도 없나이다

1. 창조주께 감사하라

천지에 가득한 만물은 창조주의 지혜로운 솜씨를 분명히 보여준다. 우주의 오묘한 질서와 그 속에 속한 이 땅의 조화를 그 누가 설명할 수 있으며, 이해할 수 있는가? 우주의 질서나 지구의 조화가 조금만 깨져도 우리는 살아갈 수 없다는 것을 알면서 하나님이 주신 모든 것에 감사하며 찬양하는 사람은 그리 많지 않다.

2. 원수를 물리치심을 감사하라

하나님께서는 성도를 대적하고 해치는 원수를 물리쳐 주신다. 성도가 원수의 손에 넘어지는 것을 그냥 두지 않고 물리치시며, 그들이 도망할 때에 넘어져 멸망하기까지 물리쳐 주신다. 성도가 원수와 싸워 승리하는 기쁨은 그 무엇과도 비길 수 없는 소중한 것이다. 이 일은 우리가 하나님께 감사하지 않을 수 없는 큰 기쁨이다.

이름을 영원히 능욕하리이까 주께서 어찌하여 주의 손 곧 주의 오른 손을 거두시나이까 주의 품에서 손을 빼내시어 그들을 멸하소서

3. 사람을 영화롭게 하신 주께 감사하라

《성경》에 보면 인간을 이사야는 버러지와 같다고 했고사 41:14, 솔로몬은 모든 것이 헛되다고 했으며전 1:2, 바울은 질그릇, 야고보는 안개라고 표현했다. 모두 약하고 가치 없는 존재임을 나타낸다. 그러나 하나님은 이 무가치한 인간을 하나님보다 조금 못하게 하시고 영화와 존귀로 만물을 지배하고 다스리는 존재로 변화시켰다. 이 일은 우리를 찬양하게 만든다. 버러지 같은 인생에게 구원을 베푸시고 은혜를 부어주신 하나님은 찬송과 영광을 영원히 받으시기에 합당한 분이다.

시 74:12 하나님은 예로부터 나의 왕이시라 사람에게 구원을 베푸셨나이다

시 74:19 주의 멧비둘기의 생명을 들짐승에게 주지 마시며 주의 가난한 자의 목숨을 영원히 잊지 마소서

약 4:14 내일 일을 너희가 알지 못하는도다 너희 생명이 무엇이냐 너희는 잠깐 보이다가 없어지는 안개니라

4. 하나님께서 영광스럽게 하신다

그리스도 교회들이 자랑하거나 내놓을 만한 것들이 전혀 없음에도 불구하고_{고전 1:29} 영광스러운 것은, 하나님께서 교회를 영광스럽게 하시기 때문이다. 인간적인 조건이나 주변의 환경에 관계없이 하나님이 영광스럽게 하시는 사람들은 위대한 일을 하게 된다. 그러므로 성도는 스스로 서려고 노력해서는 안 된다.

> **사 74:21** 학대 받은 자가 부끄러이 돌아가게 하지 마시고 가난한 자와 궁핍한 자가 주의 이름을 찬송하게 하소서
>
> **고후 4:7** 우리가 이 보배를 질그릇에 가졌으니 이는 심히 큰 능력은 하나님께 있고 우리에게 있지 아니함을 알게 하려 함이라
>
> **시 60:1** 일어나라 빛을 발하라 이는 네 빛이 이르렀고 여호와의 영광이 네 위에 임하였음이니라

5. 하늘의 기업을 얻게 하신다

시온에 거하는 백성들은 다 의롭게 되어 기업의 땅을 차지하게 된다. 이는 예수를 믿고 의롭다 하심을 믿은 모든 성도가 하나님의 나라에서 기업을 얻게 됨을 교훈하는 말씀이다. 그리스도 밖에는 구원이 없다. 오직 시온에 거하는 자, 그리스도의 몸인 교회의 지체된 자들만이 기업을 얻고 약속에 참여한다.

> **시 74:2** 옛적부터 얻으시고 속량하사 주의 기업의 지파로 삼으신 주
> 의 회중을 기억하시며 주께서 계시던 시온 산도 생각하소서
> **히 9:15** 이로 말미암아 그는 새 언약의 중보자시니 이는 첫 언약 때에
> 범한 죄에서 속량하려고 죽으사 부르심을 입은 자로 하여금 영원한
> 기업의 약속을 얻게 하려 하심이라

6. 성도들과의 영원한 언약을 기억하라

하나님께서 성도들과 세우신 언약눅 22:20은 영원한 언약이며, 불
변의 언약이다. 우리를 구원하는 언약이며, 새 생명을 주는 언약이
다. 우리는 그분의 언약 안에 있으므로 안전하며 모든 두려움을 극
복할 수 있다. 성도들의 회복과 재기의 용기는 언약에 대한 확신이
기초가 된다.

우리는 그리스도로 말미암아 새 생명을 얻은 사람들이다. 그 은
혜에 감사하며 살아야 하겠다. 어떻게 하나님께서 우리를 다윗처
럼 귀한 하나님의 성도로 택하여 주셨을까 너무나도 감격스럽다.

> **시 74:20** 그 언약을 눈여겨 보소서 무릇 땅의 어두운 곳에 포악한 자
> 의 처소가 가득하나이다

고난, 기도, 기쁨, 승리의 찬송

세상에 사는 동안 성도들은 고난을 당하게 된다. 마찬가지로 다윗도 참으로 많은 고난을 겪었다. 이럴 때 그는 어떻게 대처했을까?

> **벧전 5:10** 모든 은혜의 하나님 곧 그리스도 안에서 너희를 부르사 자기의 영원한 영광에 들어가게 하신 이가 잠깐 고난을 당한 너희를 친히 온전하게 하시며 굳건하게 하시며 강하게 하시며 터를 견고하게 하시리라

1. 고난에 대한 자신의 모습을 고백

"내 하나님이여, 어찌 나를 버리셨나이까?" 이것은 다윗이 하나님에 대한 원망이 아니라, 진노 가운데에서도 하나님께서 자비를 베풀어주시기를 바라며 그의 절대적인 사랑에 호소하고 있는 내용이다. 이 간절한 호소는 예수님이 말씀하신 내용이기도 하다 마 27:39~46. 고난에 처해 있을 때에는 주의 은총을 간구해야 한다.

> **시 88:14** 여호와여 어찌하여 나의 영혼을 버리시며 어찌하여 주의 얼굴을 내게서 숨기시나이까
>
> **민 11:15** 주께서 내게 이같이 행하실진대 구하옵나니 내게 은혜를 베푸사 즉시 나를 죽여 내가 고난 당함을 내가 보지 않게 하옵소서

2. 간절한 기도로 하나님의 구원을 바람

다윗은 고난에 처한 자신을 구원해 달라고 오랫동안 기도하였지만, 하나님께서 응답해 주시지 않았다. 그러나 그는 낙심하지 않고 계속 하나님께 반복하여 기도했다. 하나님은 분명히 성도의 기도에 응답하시지만, 시기는 늦어질 수 있다.

> **시 88:1~2** 여호와 내 구원의 하나님이여 내가 주야로 주 앞에서 부르짖었사오니 나의 기도가 주 앞에 이르게 하시며 나의 부르짖음에 주의 귀를 기울여 주소서
>
> **대하 20:4** 유다 사람이 여호와께 도우심을 구하려 하여 유다 모든 성읍에서 모여와서 여호와께 간구하더라

3. 기도에 대한 응답의 확신

다윗은 그의 조상들의 기도를 들으시고 구원해주신 하나님께서 자신의 기도도 들으시고 구원해주실 것을 확신했다. 즉, 곤고한 가운데서 부르짖는 기도를 들으시고 구원하시는 하나님께서^{시 34:6, 55:16} 그가 수치를 당하도록 내버려두지 않으시고 구원해주실 것을 확신한 것이다. 그러므로 성도들은 고난이 임할 때가 바로 하나님을 만날 때라는 것을 알아야 한다. 이때를 축복의 기회로 여겨 더욱 기도에 힘써야 한다.

> **느 9:9** 주께서 우리 조상들이 애굽에서 고난 받는 것을 감찰하시며 홍해에서 그들의 부르짖음을 들으시고
>
> **시 81:7** 네가 고난 중에 부르짖으매 내가 너를 건졌고 우렛소리의 은밀한 곳에서 네게 응답하며 므리바 물 가에서 너를 시험하였도다 [셀라]
>
> **욘 2:2** 이르되 내가 받는 고난으로 말미암아 여호와께 불러 아뢰었더니 주께서 내게 대답하셨고 내가 스올의 뱃속에서 부르짖었더니 주께서 내 음성을 들으셨나이다

4. 승리의 찬송

고난 가운데서 건져주시는 하나님의 구원은 자신뿐 아니라 모든 성도들의 기쁨이요 찬송이다. 하나님의 구원은 두려움을 찬양으로 시 22:22-23, 곤고와 고독을 응답의 기쁨으로 시 22:24 바꾼다. 하나님은 고난 가운데서도 끝까지 하나님의 도우심을 신뢰하는 자를 버리지 아니하시고, 구원하시며, 승리케 하신다. 성도들의 큰 기쁨이 되어 주신다. 그러니 인내하며 기다려라. 희망을 가져라.

우리 중 누구도 스스로 자랑해서는 안 된다. 다만, 겸손하게 순종하며, 그 은혜와 기쁨을 열방 앞에 나타내도록 힘써야 한다. 그렇게 할 때, 하나님께서는 더 큰 기쁨을 채워 주신다. 그리스도 안에 있는 사람은 이 같은 큰 기쁨을 누리며 살아야 한다. 이것이야말로

성도들의 큰 특권이요, 기쁨이며, 최후의 승리이다.

5. 원망 대신 감사, 불평 대신 찬송

이새의 아들로 태어난 다윗은 들에서 양을 치는 목동이었다. 그러나 사울을 대신하여 선지자 사무엘에게 기름부음을 받아 이스라엘 역사상 가장 위대한 왕이 되었다. 지금도 다윗은 유대인들이 가장 추앙하는 인물이기에 이스라엘 국기에는 다윗 왕의 방패를 상징하는 다윗의 별이 그려져 있다. 그러나 다윗의 생애 전체를 살펴보면, 우리 생각과는 달리 파란만장하고 굴곡진 나날이었음을 알 수 있다.

그는 기름부음을 받은 후 실질적인 왕으로 등극하기까지 자신을 죽이려는 사울 왕의 계속되는 위협을 피해 광야로, 산악지대로, 때로는 블레셋 땅으로 도망 다니는 고난의 길을 감수해야 했다. 또한 시련을 거쳐 왕이 된 후에도 끊임없는 전쟁과 반역으로 괴롭고 힘든 세월을 참아내야 했다.

이러한 다윗의 생애를 곱씹어보면 놀라운 사실을 한 가지 발견하게 된다. 이루 말할 수 없는 고난의 길을 걷던 그가 '어떻게 그렇게 원망과 불평 없이 하나님을 찬양하고 감사할 수 있었는가?' 하는 것이다. 다윗에 비해 순탄한 삶을 사는 우리는 얼마나 자주 불평하고 원망하는가. 다윗의 〈시편〉을 읽을 때마다 새삼 감동하지 않을 수 없다.

다윗은 여호와 하나님이 자신을 건지시는 분임을 확신했다. 이전에도 자신을 구원하신 분임을 기억하고, 앞으로도 구원해주실 분임을 의심하지 않았다. 우리는 어떠한 어려움과 고난이 닥칠지라도 주님께서 나를 지키며 구원해주실 분임을 믿고, 원망 대신 더욱 찬양하고 감사하는 마음을 가져야 할 것이다.

> **약 5:13** 너희 중에 고난 당하는 자가 있느냐 그는 기도할 것이요 즐거워하는 자가 있느냐 그는 찬송할지니라

하나님 찬양

인생의 성공과 실패는 오직 하나님 손에 달려 있다. 그리고 이 승패 여부는 그분이 판단하신다. 악인의 경성함은 잠깐일 뿐, 최종 승자는 하나님을 경외하는 자이다.

1. 승리케 하시는 하나님을 찬송하자

우리가 보기에 불가능하고, 한 치 앞도 보이지 않지만, 하나님이 함께하시고 우리 손을 붙들어 주시니 뜨거운 성령이 역사하신다. 따라서 뜨겁게 찬송하면 불가능은 없다. 최후의 승리만 있을 뿐이다. 그러니 하나님을 찬양하자. 소리 높여 승리의 개가를 부르자.

① 하나님은 적과 싸울 때 내가 손과 손가락 쓰는 방법까지 지시하여 주신다

② 하나님은 안전한 보호자시다

> **시 4:8** 내가 평안히 눕고 자기도 하리니 나를 안전히 살게 하시는 이
> 는 오직 여호와이시니이다

③ 하나님은 각 방면으로 나를 눈동자같이 지켜주시며, 적의 세력을
막아주시는 분이시다

> **시 17:7~8** 주께 피하는 자들을 그 일어나 치는 자들에게서 오른손
> 으로 구원하시는 주여 주의 기이한 사랑을 나타내소서 나를 눈동자
> 같이 지키시고 주의 날개 그늘 아래에 감추사

2. 인생을 귀히 여기시는 하나님을 찬송하자

① 하나님은 우리를 만물 중에서 귀한 존재로 여기시고, 만유보다 헤
아려 주신다

> **시 16:3** 땅에 있는 성도들은 존귀한 자들이니 나의 모든 즐거움이 그
> 들에게 있도다

② 우리는 지존하신 이의 은총을 받을 수 없는 무가치한 자인데, 먹이

고 입혀주신다

> **창 32:10** 나는 주께서 주의 종에게 베푸신 모든 은총과 모든 진실하심을 조금도 감당할 수 없사오나 내가 내 지팡이만 가지고 이 요단을 건넜더니 지금은 두 떼나 이루었나이다
>
> **시 57:2** 내가 지존하신 하나님께 부르짖음이여 곧 나를 위하여 모든 것을 이루시는 하나님께로다
>
> **시 61:8** 그리하시면 내가 주의 이름을 영원히 찬양하며 매일 나의 서원을 이행하리이다

3. 원수로부터 구원하신 하나님을 찬양하자

① 주여, 진노로 원수를 심판하소서

> **롬 12:19** 내 사랑하는 자들아 너희가 친히 원수를 갚지 말고 하나님의 진노하심에 맡기라 기록되었으되 원수 갚는 것이 내게 있으니 내가 갚으리라고 주께서 말씀하시니라

② 주여, 구원의 손을 올리사 나를 건져 주소서

> **왕하 19:19** 우리 하나님 여호와여 원하건대 이제 우리를 그의 손에서 구원하옵소서 그리하시면 천하 만국이 주 여호와가 홀로 하나님이신

③ 주여, 사악한 원수의 세력을 무너지게 하소서

삼하 22:27 깨끗한 자에게는 주의 깨끗하심을 보이시며 사악한 자에게는 주의 거스르심을 보이시리이다

믿음으로 겸손히 기도하자

우리가 믿음으로 겸손히 기도할 때, 하나님의 비전은 내 비전이 되고, 하나님의 소망은 내 소망이 된다. 나아가 하나님의 노예가 아닌 하나님의 벗이 되고, 하나님의 기업이 내 기업이 된다. 믿음 없이 기도하고, 믿음 없이 사는 사람은 하나님과 관련이 없다. 믿음으로 살아갈 때, 우리도 아브라함처럼 하나님의 벗이 된다.

약 2:23 이에 성경에 이른 바 아브라함이 하나님을 믿으니 이것을 의로 여기셨다는 말씀이 이루어졌고 그는 하나님의 벗이라 칭함을 받았나니

1. 하나님이 피난처이심을 믿고 기도하자

나의 안전은 하나님께만 있다. 어떠한 상황에 있다 할지라도.

시 46:1 하나님은 우리의 피난처시요 힘이시니 환난 중에 만날 큰 도움이시라

시 18:2 여호와는 나의 반석이시요 나의 요새시요 나를 건지시는 이시요 나의 하나님이시요 내가 그 안에 피할 나의 바위시요 나의 방패시요 나의 구원의 뿔이시요 나의 산성이시로다

2. 하나님이 나의 기업이심을 믿고 기도하자

나의 모든 것이 되신 하나님을 모심은 무언가를 잃는 것이 결코 아니다. 믿음의 주되신 하나님을 믿음의 주인으로 모셨으니 만유를 가진 것이다.

엡 4:6 하나님도 한 분이시니 곧 만유의 아버지시라 만유 위에 계시고 만유를 통일하시고 만유 가운데 계시도다

시 61:5 주 하나님이여 주께서 나의 서원을 들으시고 주의 이름을 경외하는 자가 얻을 기업을 내게 주셨나이다

3. 겸손한 심령으로 기도하자

다윗이 응답받았던 것처럼, 우리도 아름다운 태도를 가지고 기도하면 하나님께서 반드시 응답하여 주실 것이다.

> 시 10:17 여호와여 주는 겸손한 자의 소원을 들으셨사오니 그들의 마음을 준비하시며 귀를 기울여 들으시고
>
> 시 132:1 여호와여 다윗을 위하여 그의 모든 겸손을 기억하소서

4. 매일 성경을 읽자

《성경》을 읽을 때마다 하나님께서 찾아오실 것이다. 일 년 365일 하루도 빠짐없이 하나님의 음성을 듣자. 아멘. 이것이야말로 하나님과 함께하는 가장 쉬운 방법이다. 하나님의 뜻을 알고 그분과 친구가 되는 가장 중요한 비결이다.

> 시 119:50 이 말씀은 나의 고난 중의 위로라 주의 말씀이 나를 살리셨기 때문이니이다
>
> 시 119:105 주의 말씀은 내 발에 등이요 내 길에 빛이니이다
>
> 행 17:11 베뢰아에 있는 사람들은 데살로니가에 있는 사람들보다 더 너그러워서 간절한 마음으로 말씀을 받고 이것이 그러한가 하여 날마다 성경을 상고하므로

하나님께 물어보라

《구약성경》을 보면, 선지자나 이스라엘 왕은 중대사나 중요한 전쟁을 앞두고 스스로 결정하는 것이 아니라 먼저 하나님께 물으러 나아갔다. 리브가의 뱃속에서 에서와 야곱이 싸울 때 이삭도 마찬가지로 하나님께 나아갔다. 그리고 이삭의 물음에 하나님께서는 이렇게 응답해 주셨다.

"여호와께서 그에게 이르시되 두 국민이 네 태중에 있구나 두 민족이 네 복중에서부터 나누이리라 이 족속이 저 족속보다 강하겠고 큰 자가 어린 자를 섬기리라 하셨더라^{창 25:23}."

당시에는 장남이 장자권을 이어받는 것이 상례였지만, 하나님은 이삭에게 장남인 에서가 차남인 야곱을 섬기리라 하셨다. 이후 야곱은 이스라엘이라는 민족을 이루었고, 하나님은 아브라함과의 약속을 이루어 가셨다. 우리가 하나님께 여쭙고 기도할 때, 하나님은 그분의 뜻 가운데 우리의 인생을 인도하시고 책임지신다.

> **삼상 30:8** 다윗이 여호와께 묻자와 이르되 내가 이 군대를 추격하면 따라잡겠나이까 하니 여호와께서 그에게 대답하시되 그를 쫓아가라 네가 반드시 따라잡고 도로 찾으리라

1. 인생의 성공 여부와 기도생활

우리는 인생의 성공과 실패가 하나님의 뜻에 있음을 깨달아야 한다. 그리고 매사를 하나님과 의논하는 성도가 되어야 한다. 여호와 하나님과 의논하고 지도받는 자는 이미 성공자다. 실패도 승리요, 성공도 승리다. 다윗은 아말렉과의 전쟁을 앞두고 두려웠지만, 하나님께 묻고 나아갔다. 성도는 이처럼 매사에 하나님과 의논해야 한다.

2. 사울의 실패 요인

반면 사울은 블레셋 사람들의 군대를 보고 두려워 신접한 여인을 찾았다. 그 결과는 우리 모두가 다 잘 알고 있다. 세상 방법을 찾지 말고 하나님께 물어보는 것, 기도가 먼저다.

삼상 28:6~7 사울이 여호와께 묻자오되 여호와께서 꿈으로도, 우림
으로도, 선지자로도 그에게 대답하지 아니하시므로 사울이 그의 신하
들에게 이르되 나를 위하여 신접한 여인을 찾으라 내가 그리로 가서
그에게 물으리라 하니 그의 신하들이 그에게 이르되 보소서 엔돌에
신접한 여인이 있나이다

3. 승리의 열쇠는 기도, 전리품은 덤

기도는 성공의 열쇠다. 성공의 열쇠인 기도로 하나님께 물어 모
든 문제를 해결하자. 다윗 왕은 아말렉, 블레셋과의 전투에서 하
나님께 꼭 물었다. 전쟁의 결과는 하나님이 책임지시며, 승리하
면 전리품까지 얻게 된다.

삼상 30:18~20 다윗이 아말렉 사람들이 빼앗아 갔던 모든 것을 도로
찾고 그의 두 아내를 구원하였고 그들이 약탈하였던 것 곧 무리의 자
녀들이나 빼앗겼던 것은 크고 작은 것을 막론하고 아무것도 잃은 것
이 없이 모두 다윗이 도로 찾아왔고 다윗이 또 양 떼와 소 떼를 다 되
찾았더니 무리가 그 가축들을 앞에 몰고 가며 이르되 이는 다윗의 전
리품이라 하였더라

답답할 때 기도하라

신앙을 가진 사람과 신앙이 없는 사람의 차이는 기도에 달려 있다. 신앙이 없는 사람은 고난이 오면 하나님을 의심하고 원망하고 낙심하지만, 신앙을 가진 사람은 더욱 힘써 기도한다.

> **고후 4:8~10** 우리가 사방으로 욱여쌈을 당하여도 싸이지 아니하며 답답한 일을 당하여도 낙심하지 아니하며 박해를 받아도 버린 바 되지 아니하며 거꾸러뜨림을 당하여도 망하지 아니하고 우리가 항상 예수의 죽음을 몸에 짊어짐은 예수의 생명이 또한 우리 몸에 나타나게 하려 함이라

1. 전화위복

기도하는 사람은 반드시 은혜를 받게 되고, 은혜를 받으면 죄와 허물을 깨닫고 회개하게 된다. 또한, 하나님의 사랑을 깨닫고 감사하게 되며, 하나님의 선하신 뜻이 어디에 있는가를 발견하게 된다. 그리하여 문제가 해결되고, 체험적 신앙이 생겨서 모든 것이 전화위복이 된다.

> **삼상 12:23** 나는 너희를 위하여 기도하기를 쉬는 죄를 여호와 앞

에 결단코 범하지 아니하고 선하고 의로운 길을 너희에게 가르칠

것인즉

롬 8:26 이와 같이 성령도 우리의 연약함을 도우시나니 우리는 마땅

히 기도할 바를 알지 못하나 오직 성령이 말할 수 없는 탄식으로 우리

를 위하여 친히 간구하시느니라

2. 더욱 기도할 때

  답답할 때 더욱 기도하라. 그러면 다음 차례로 사명과 연결된

다. 인생의 방향을 전환하기 위해서 잠시 속도를 줄이고 멈추게 된

다. 이때 자신의 할 일, 즉 사명이 무엇인지 깨닫고 충성하게 된

다. 하나님께서는 모세를 거룩한 땅으로 인도하신 후, 비로소 그에

게 이스라엘 백성들을 애굽에서 가나안으로 인도하라는 사명을 주

셨다. 우리들은 모세와 같이 하나님을 만나기 위해 기도하고, 주신

사명을 잘 감당해야 한다.

출 3:4~5 여호와께서 그가 보려고 돌이켜 오는 것을 보신지라 하나님

이 떨기나무 가운데서 그를 불러 이르시되 모세야 모세야 하시매 그

가 이르되 내가 여기 있나이다 하나님이 이르시되 이리로 가까이 오지

말라 네가 선 곳은 거룩한 땅이니 네 발에서 신을 벗으라

고전 9:17~19 내가 내 자의로 이것을 행하면 상을 얻으려니와 내가 자

시험을 구별하라

시험이 찾아왔다. 나는 하나님께 기도하고, 또 억울함을 호소했다. 성도에게는 하나님의 시험도 있고, 사탄의 시험도 있다.

1. 사탄의 시험

사탄은 어떻게 하든지 믿는 자를 넘어뜨리려 하고, 우는 사자처럼 그런 사람들을 찾아다닌다. 사탄은 성도의 마음에 교만과 욕심과 음란과 거짓의 씨를 뿌려 하나님으로부터 멀어지게 하려고 별

의별 시험을 다한다. 아담과 하와도, 믿음의 조상 아브라함도 사탄의 유혹에 넘어가 범죄하였고, 심지어 예수님께서도 광야에서 사탄의 시험을 받은 적이 있다.

2. 하나님의 시험

하나님께서도 종종 성도를 시험하신다. 그러나 마귀가 하는 시험과는 근본적으로 다르다. 마귀는 넘어뜨리려고 하지만, 하나님께서는 우리의 믿음을 세우려고 하신다. 고난과 시련을 통해 성도로

하여금 하나님에 대한 사랑과 믿음을 키워주시고, 그에 대한 확신
을 심어주신다.

창 22:1~2 그 일 후에 하나님이 아브라함을 시험하시려고 그를 부르
시되 아브라함아 하시니 그가 이르되 내가 여기 있나이다 여호와께서
이르시되 네 아들 네 사랑하는 독자 이삭을 데리고 모리아 땅으로 가
서 내가 네게 일러 준 한 산 거기서 그를 번제로 드리라

3. 시험에 대한 승리

마귀의 시험에는 말씀과 기도가 무기가 된다. 반면, 하나님의 시험
에는 믿음과 순종이 요청된다. 이것들은 모두 신앙의 훈련을 통해 얻
을 수 있다. 훈련된 병사만이 승리할 수 있다. 주님처럼, 아브라함처
럼 우리도 승리하는 성도의 삶을 살아야 한다. 확실한 점은 하나님께
서는 우리에게 반드시 감당할 수 있는 시험만 주신다는 것이다.

고전 10:13 사람이 감당할 시험 밖에는 너희가 당한 것이 없나니 오
직 하나님은 미쁘사 너희가 감당하지 못할 시험 당함을 허락하지 아
니하시고 시험 당할 즈음에 또한 피할 길을 내사 너희로 능히 감당하
게 하시느니라

시험을 이기는 법

우리는 인생을 살면서 무수히 많은 시험에 직면한다. 특히 영적인 시험에 이기기 위해서는 당황하거나 두려워하기보다는 다음과 같이 믿음을 가지고 침착하게 대처해야 한다.

> **고후 13:5** 너희는 믿음 안에 있는가 너희 자신을 시험하고 너희 자신을 확증하라 예수 그리스도께서 너희 안에 계신 줄을 너희가 스스로 알지 못하느냐 그렇지 않으면 너희는 버림 받은 자니라

1. 하나님을 의지하라

하나님께 의지하면 자기 백성을 대적들로부터 이기게 하시고, 말씀하신 약속과 복을 받게 하신다.

> **신 11:22~25** 너희가 만일 내가 너희에게 명하는 이 모든 명령을 잘 지켜 행하여 너희의 하나님 여호와를 사랑하고 그의 모든 도를 행하여 그에게 의지하면 여호와께서 그 모든 나라 백성을 너희 앞에서 다 쫓아내실 것이라 너희가 너희보다 강대한 나라들을 차지할 것인즉 너희의 발바닥으로 밟는 곳은 다 너희의 소유가 되리니 너희의 경계는 곧 광야에서부터 레바논까지와 유브라데 강에서부터 서해까지라

2. 약속을 기억하고 대책을 세우라

다윗이 늙어 나이가 많이 들었을 때의 일이다. 아도니아가 스스로를 높여 왕이 되려 하자 선지자 나단과 솔로몬의 어머니 밧세바는 대책을 세운다. 그리하여 아도니아를 물리치고, 솔로몬이 왕위를 계승하게 된다. 솔로몬의 왕위 계승, 이는 물론 하나님의 뜻이었다.

3. 믿음을 견고히 하라

하나님께서 말씀하시기를 "내가 반드시 네게 은혜를 베풀어 네 씨로 바다의 셀 수 없는 모래와 같이 많게 하리라" 하셨는데, 아브라함은 25년이라는 긴 시간을 기다릴 수가 없었다. 그리하여 사라의 여종 하갈을 통해 이스마엘을 얻게 되었다. 우리도 중간에 믿음이 흔들릴 때마다 믿음의 조상 아브라함의 실수와 불신과 의심의 열매인 이스마엘을 떠올리자.

> **창 16:15** 하갈이 아브람의 아들을 낳으매 아브람이 하갈이 낳은 그 아들을 이름하여 이스마엘이라 하였더라
>
> **롬 4:18~20** 아브라함이 바랄 수 없는 중에 바라고 믿었으니 이는 네 후손이 이같으리라 하신 말씀대로 많은 민족의 조상이 되게 하려 하심이라 그가 백 세나 되어 자기 몸이 죽은 것 같고 사라의 태가 죽은 것 같음을 알고도 믿음이 약하여지지 아니하고 믿음이 없어 하나님의 약속을 의심하지 않고 믿음으로 견고하여져서 하나님께 영광을 돌리며

승리의 비결

다윗의 연합군은 블레셋과의 전쟁에서 놀라운 승리를 거두었다. 하지만 그것은 그들 자신의 능력이나 지혜에 의한 승리가 아니라 하나님의 도우심에 의한 승리였다. 그들이 하나님을 의뢰하고 부르짖었으므로 그분이 들으시고 도움을 주셨던 것이다. 주를 의뢰

하고 도움을 청하는 것은 모든 싸움에서 승리가 보장되는 확실한 전략이다. 다윗의 승리 비결은 다음과 같은 것이었다.

1. 그는 하나님께 물었다

블레셋 사람들이 이미 이르러 르바임 골짜기로 쳐들어 왔다삼하 5:18. 다윗은 하나님께 물었고 "내가 반드시 블레셋 사람을 네 손에 넘기리라" 하셨다. 다윗은 승리했다.

2. 그는 하나님께 묻고 또 물었다

그런데 블레셋 사람들이 다시 올라와서 르바임 골짜기에 가득했다. 다윗은 같은 기도를 지루하게 반복할 필요가 없다고 생각하지 않았다. 작전이 지난번 전투 때와 같지 않음을 볼 때에 다윗의 기도가 얼마나 적절했는지 알 수 있다. 다윗은 매번 물었고, 하나님께서는 그때마다 상황에 맞는 전략을 주셨다. 그는 하나님의 명령대로 행했다. 르바임 골짜기라는 동일한 장소에서 다윗은 하나님의 명령대로 행하여 블레셋 사람의 두 번째 침략도 물리쳤다.

삼하 5:23 다윗이 여호와께 여쭈니 이르시되 올라가지 말고 그들 뒤로 돌아서 뽕나무 수풀 맞은편에서 그들을 기습하되

삼하 5:25 이에 다윗이 여호와의 명령대로 행하여 블레셋 사람을 쳐서 게바에서 게셀까지 이르니라

3. 그 영광을 하나님께 돌렸다

블레셋과 두 번의 전투에서 모두 싸워서 이긴 것은 다윗이 아니라 하나님이었다. 몇 번이든 하나님께 묻고 그분의 명령대로 행할 때 승리할 수 있으며, 하나님께서는 그 이름을 높이시어 영광을 받으신다.

삼하 5:20 다윗이 바알브라심에 이르러 거기서 그들을 치고 다윗이 말하되 여호와께서 물을 흩음 같이 내 앞에서 내 대적을 흩으셨다 하므로 그 곳 이름을 바알브라심이라 부르니라

삶과 죽음의 교차로

인생은 끊임없는 도전이자, 선택이다. 멋진 도전은 하나님께서 인도하심을 믿고 불확실한 미래로 나아가는 것이며, 옳은 선택은 나에게 주어진 자유 의지로 하나님의 뜻을 펼치고 이루는 쪽을 택하는 것이다. 이러한 도전과 선택은 인생의 성패에 매우 중요한 요소이다.

1. 아담 이후 모든 사람이 죄 아래 있게 됨

아담의 불순종으로 말미암아 모든 사람은 자신의 의지와 관계없이 죄 아래 있게 되었으며, 사망의 지배를 받게 되었다. 우리는 죄의 무서움을 잘 알고 있다. 그것은 하나님과의 교통을 단절시키는 거대한 장애물이며, 이 세계의 어떤 힘으로도 제거하지 못한다. 죄는 인간이 해결하지 못한다.

창 2:16~17 여호와 하나님이 그 사람에게 명하여 이르시되 동산 각 종 나무의 열매는 네가 임의로 먹되 선악을 알게 하는 나무의 열매는 먹지 말라 네가 먹는 날에는 반드시 죽으리라 하시니라

2. 죄의 특성

한 번 죽는 것은 사람에게 정해진 것이요, 그 후에는 심판이 있다

고 히브리 기자는 말하고 있다 히 9:27. 죄는 인생과 삶의 여정에서 걸림돌이 되고, 참되고 고상한 모든 요소를 박탈하며, 선을 행하려는 욕구를 빼앗는다. 또한 의롭고 진실하게 용기를 내도록 하는 것이 아니라, 부끄러움과 옹졸함과 원망의 결과로 인생을 얼룩지게 만든다. 결국 사람들로 하여금 떳떳하고 당당하며 자손 대대에 길이 빛날 아름다운 신앙의 자취를 남기지 못하게 한다.

> **갈 5:19~21** 육체의 일은 분명하니 곧 음행과 더러운 것과 호색과 우상 숭배와 주술과 원수 맺는 것과 분쟁과 시기와 분냄과 당 짓는 것과 분열함과 이단과 투기와 술 취함과 방탕함과 또 그와 같은 것들이라 전에 너희에게 경계한 것 같이 경계하노니 이런 일을 하는 자들은 하나님의 나라를 유업으로 받지 못할 것이요

3. 예수 그리스도 안에서 의로움을 얻음

사람이 의롭게 되는 길, 죄의 문제에 대한 해답은 하나뿐이다. 즉, 예수께서 해답이 되신다. 인류가 해결할 시급하고도 심각한 과제는 죄의 문제인데, 그리스도 밖에서는 불가능하다. 우리가 과학의 발달이나 문화의 진보를 꾀하기 전에 해야 할 일은 죄의 문제를 해결하는 것이며, 그 길은 예수뿐이다.

4. 믿음은 승리가 보장된 도전과 선택임

사망과 생명의 교차로에서 모든 사람이 성공과 승리를 위해서 도전하고 선택해야 할 유일한 길은 믿음이다. 믿음이 의롭게 하고, 믿음이 하나님께 나아가게 하며, 믿음이 그분을 기쁘게 한다. 믿음은 바라는 것들의 실상이요 보지 못하는 것들의 증거니, 선진들은 이로써 증거를 얻었다 히 11:1-2. 삶과 죽음은 간발의 차이다. 불순종과 순종이라는 차이뿐이다. 누가 진정 하나님께 순종할 자인가?

문제의 해결자

많은 사람들은 끝까지 자신의 능력에 의지하려고만 한다. 정작 우리가 당하는 일이 문제가 아니다. 자신의 힘으로 해결하려고 애쓰는 것이 문제다.

> 사 40:29 피곤한 자에게는 능력을 주시며 무능한 자에게는 힘을 더하시나니
>
> 슥 4:6 그가 내게 대답하여 이르되 여호와께서 스룹바벨에게 하신 말씀이 이러하니라 만군의 여호와께서 말씀하시되 이는 힘으로 되지 아니하며 능력으로 되지 아니하고 오직 나의 영으로 되느니라

1. 해결자 예수

예수는 인생의, 문제의 해결사로 오셨다. 예수께서는 행하시는 모습을 보여줌으로써 하나님의 위대함을 보여주었다.

> 사 28:29 이도 만군의 여호와께로부터 난 것이라 그의 경영은 기묘하며 지혜는 광대하니라
>
> 눅 9:16~17 예수께서 떡 다섯 개와 물고기 두 마리를 가지사 하늘을 우러러 축사하시고 떼어 제자들에게 주어 무리에게 나누어 주게 하

> 시니 먹고 다 배불렀더라 그 남은 조각을 열두 바구니에 거두니라
>
> **눅 5:5~6** 시몬이 대답하여 이르되 선생님 우리들이 밤이 새도록 수고
> 하였으되 잡은 것이 없지마는 말씀에 의지하여 내가 그물을 내리리이
> 다 하고 그렇게 하니 고기를 잡은 것이 심히 많아 그물이 찢어지는지라

2. 구원자 예수

예수는 구주로, 구원자로 오셨다. 우리는 어느 누구도 죄와 사망을 해결하지 못한다.

> **눅 2:11** 오늘 다윗의 동네에 너희를 위하여 구주가 나셨으니 곧 그리
> 스도 주시니라

3. 경영자 예수

예수님은 훌륭한 경영자셨다. 그는 사람을 적재적소에 배치하여 바른 일을 하게 하셨다. 직원 12명으로 세상을 변화시키고 바꾸셨다. 연약하고 미련한 것을 택하여 강하고 지혜로운 것을 부끄럽게 하시는 것이 하나님의 방법이다. 하나님이 내 삶을 경영하시도록 하라.

4. 문제 해결의 열쇠

순종은 모든 문제 해결의 열쇠였다. 모세와 백성들은 호르 산에서 출발하여 홍해 길을 따라 에돔 땅을 우회하려 하였다. 그러다가 막힌 길로 말미암아 백성들은 마음이 상해 하나님을 원망하였다. 먹을 것도 없고 물도 없고 이 하찮은 음식도 싫고, 불만이 극에 달했다. 출애굽, 구원의 감격은 온데간데없고, 그들이 애굽을 그리워하자 여호와께서는 불뱀들을 보내 백성을 물게 하셨다. 이로 인해 이스라엘 백성 중에 많은 자가 죽게 되었다. 백성들이 하나님과 모세를 원망함이 범죄임을 깨달아 고백하자 모세는 하나님께 기도로 나아갔다.

"이 뱀들을 우리에게서 떠나게 하소서."

이에 하나님께서는 해결책을 주셨다.

"놋뱀을 쳐다보면 살리라."

단순하지만 이를 믿고 백성들이 순종하자 뱀들이 떠났다. 하나님은 사람들이 온전히 신뢰하고 의지할 때 일하셨다. 하나님의 말씀에 순종하고 우리가 가진 것이 무엇인지 알아서 그것이 주님의 손에 들릴 때 역사가 일어난다.

고난의 해결

의인의 고난과 핍박도 있지만, 나의 불순종과 죄로 인한 고난이나 외부 공격으로 인한 고난도 있다. 이럴 때는 어떻게 해야 할까?

1. 고난의 이유를 생각하라

다윗은 곤경에 빠졌다. 제2차 인구 조사 후 이것이 큰 범죄임을 깨닫고 후회했다. 하나님께서는 다윗에게 칼_{적군에게 패하여 석달 동안 원수에게 쫓김}, 기근_{삼년 흉년}, 전염병_{사흘 역병} 중 하나를 선택하라 하셨다. 재앙이 다가올 때 다윗은 먼저 하나님께 나아가 돌이켜 회개했다.

우리에게 분쟁과 다툼, 궁핍, 질병 등이 찾아온다면 그 이유를 생각해 보자. 범죄 때문이라면 여호와께서는 감추어진 죄도 드러내시지만, 묵은 죄를 회개치 않을 때도 책임을 물으신다. 하나님께 서원한 것을 잊었거나 사명_{복귀나 전환}을 요구하실 때도 고난이 온다. 여호와의 이름으로 한 약속은 신실하게 지켜야 한다. 혹은 분주하여 하나님과 멀어졌을 때 잠시 멈춤_{Stop}이란 사인_{Sign}일 수도 있다.

왜 재앙과 고난이 있는가? 지금까지, 오래도록 연속되는 고난이 있는가? 그렇다면 하나님과 약속하고 서원한 것을 성실히 이행하라. 회개하고 돌이키라. 하나님과 첫사랑을 회복하라. 주님이 뜻하신 사명의 자리로 돌아오라.

대상 21:12 혹 삼년 기근이든지 혹 네가 석 달을 적군에게 패하여 적군의 칼에 쫓길 일이든지 혹 여호와의 칼 곧 전염병이 사흘 동안 이 땅에 유행하며 여호와의 천사가 이스라엘 온 지경을 멸할 일이든지 라고 하셨나니 내가 무슨 말로 나를 보내신 이에게 대답할지를 결정하소서 하니

전 5:4 네가 하나님께 서원하였거든 갚기를 더디게 하지 말라 하나님

은 우매한 자들을 기뻐하지 아니하시나니 서원한 것을 갚으라

2. 찬양과 기도로 해결하라

고난을 겪었을 때 다윗은 먼저 하나님께 나아가 기도했다. 제일 먼저 하나님을 찾으라. 문제나 고난이 찾아오면 머뭇거리지 말고 하나님께 달려가야 한다. 빠르면 빠를수록 좋다. 성도들이 실수하는 것 중 하나는 고난 때에 먼저 인간의 수단을 다 써보고서야 맨 나중에 하나님께 나아가는 것이다. 다윗은 하나님께 기도하고 찬양했으나, 사울은 먼저 인간적인 방법을 택해서 실패를 거듭했다. 그 결과가 어땠는지는 잘 알 것이다. 모든 고난에서 건져주시고 환난에서 구원하시는 하나님께 나아가라.

시 34:1~6 내가 여호와를 항상 송축함이여 내 입술로 항상 주를 찬양하리이다 내 영혼이 여호와를 자랑하리니 곤고한 자들이 이를 듣고 기뻐하리로다 나와 함께 여호와를 광대하시다 하며 함께 그의 이름을 높이세 내가 여호와께 간구하매 내게 응답하시고 내 모든 두려움에서 나를 건지셨도다 그들이 주를 앙망하고 광채를 내었으니 그들의 얼굴은 부끄럽지 아니하리로다 이 곤고한 자가 부르짖으매 여호와께서 들으시고 그의 모든 환난에서 구원하셨도다

시 34:17~19 의인이 부르짖으매 여호와께서 들으시고 그들의 모든

3. 원수를 용서하라

억울한 누명이나 고난에 빠졌을 때 누군가를 원망하기 쉽다. 인간은 고난의 이유를 외부적인 요소에서 찾거나 다른 사람에게서 찾는 경향이 있다. 율법적으로 해결하려 한다면 '눈에는 눈, 이에는 이레 24:20, 신 19:21'로만 가능하다. 하지만 예수님의 방법은 전혀 달랐다. 원수를 용서하고 사랑했다. 다윗도 원수 갚는 것은 하나님께 맡겼다. 율법이 아닌 사랑으로 핍박과 고난을 해결했다. 하나님의 문제 해결의 열쇠는 바로 '사랑'이었다.

고난이 유익이 되게

《성경》에는 고난이라는 단어가 119번, 환난이라는 단어가 156번 나온다. 이를 통해 얼마나 많은 《성경》의 인물들이 고난을 당했는지 알 수 있다. 고난이 종국에는 하나님의 영광을 위해서 필요함을 교훈하신 말씀을 살펴보자. 고난을 그냥 고통으로 끝내지 말고 유익이 되게 하자.

> **시 119:71** 고난 당한 것이 내게 유익이라 이로 말미암아 내가 주의 율례들을 배우게 되었나이다

1. 고난은 하나님의 뜻을 발견하게 한다

우리는 고난 가운데 있으면서도 그 이유를 모르는 경우가 많다. 성도에게 고난은 하나님께서 주시는 사랑의 매와 인생의 채찍이다. 잘못된 것을 보면서 지나칠 부모는 없다. 자녀를 사랑하는 부모는 잘못된 자녀를 벌한다. 이처럼 하나님은 자기 자녀의 잘못에 간섭하신다. 그리고 그를 바로잡아 영혼을 구원하시고, 옳은 길로 인도하신다. 사랑의 매는 내가 하나님의 자녀라는 증거요, 고난은 회개하고 돌이키라는 119의 싸이렌 소리다.

> **잠 23:14** 네가 그를 채찍으로 때리면 그의 영혼을 스올에서 구원하리라
>
> **삼하 7:14** 나는 그에게 아버지가 되고 그는 내게 아들이 되리니 그가 만일 죄를 범하면 내가 사람의 매와 인생의 채찍으로 징계하려니와

2. 고난은 그리스도의 성품을 닮게 한다

하나님은 고난을 통해 자녀의 그릇된 성품을 바로잡는다. 사람들은 고난의 학교를 거친 후에 겸손해지고, 하나님의 말씀대로 살아가게 된다시 119:67. 고난은 아프고 쓰리다. 그러나 고난의 쓴 경험은 우리를 한 차원 더 성숙시킨다. 이것은 이기적인 사람으로 하여금 하나님의 높은 뜻을 찾게 하고, 그 성품을 닮아가게 한다.

> **엡 4:12~13** 이는 성도를 온전하게 하여 봉사의 일을 하게 하며 그리스도의 몸을 세우려 하심이라 우리가 다 하나님의 아들을 믿는 것과 아는 일에 하나가 되어 온전한 사람을 이루어 그리스도의 장성한 분량이 충만한 데까지 이르리니

3. 고난을 통해 하나님께 영광을 돌린다

하나님의 영광을 드러내기 위해 당하는 고통이 있다. 본문에 나온 맹인의 경우가 그렇다. 특히 욥은 사탄과 천사들이 보는 앞에서

주님을 사랑함으로써 하나님께 영광을 돌렸다. 다니엘과 요셉도 그러했다. 하나님의 사람들은 애매히 당하는 고난일지라도 잘 인내해 하나님의 뜻과 영광이 드러나도록 해야 한다. 그러므로 성도들은 자신에게 다가온 고난이 주님께 더 가까이 가는 기회임을 알고 감사하며 이겨내야 한다. 그러면 하나님께서는 이기고, 또 이기게 해주실 것이다.

회개하면 산다

《성경》을 보면 죄라는 단어가 1,230번 이상 나온다. 반면에 은혜는 290번 이상 나온다. 죄가 은혜보다 4배 이상 언급되는 것이 놀랍다. 이를 미루어 볼 때, 우리는 못 깨닫는 죄가 많다고 할 수 있다.

《성경》에서는 무엇을 죄라고 할까? 죄는 과녁에서 빗나감을 뜻한다. 회개란 과녁이 잘못됨을 깨닫고, 방향을 유턴하여 과녁을 돌이키는 것이다. 그래서 회개는 입술로 하는 것이 아니라, 변화된 행동으로 알 수 있다. 삶에서 열매로 알 수 있다. 《성경》은 다시 회복할 수 있는 길, 살 길에 관해 다음과 같은 교훈을 준다.

> **마 3:8** 그러므로 회개에 합당한 열매를 맺고

1. 주는 영원히 계신다

주님은 어제나 오늘이 변함없으시며 영원하신 분이다. 이 우주 가운데서 주를 피해 숨을 수 있는 곳은 어디에도 없다. 머리털까지 다 세신 바 되었으니 두려워할 분을 두려워해야 마땅하다. 따라서 우리가 그분과 해결해야 할 죄의 문제들은 그것이 크든 작든 간에 해결해야만 한다. 해결하지 못한 죄와 문제들에는 반드시 응분의 대가가 따르기 마련이다.

> **창 3:8** 그들이 그 날 바람이 불 때 동산에 거니시는 여호와 하나님의 소리를 듣고 아담과 그의 아내가 여호와 하나님의 낯을 피하여 동산 나무 사이에 숨은지라
> **롬 6:23** 죄의 삯은 사망이요 하나님의 은사는 그리스도 예수 우리 주 안에 있는 영생이니라

2. 주는 자기 백성을 잊지 아니하신다

어머니가 태의 자식을 잊을 수 없는 것처럼, 주는 자기 백성을 잊지 아니하신다. 비록 그들이 범죄하여 멀리 떠났을지라도 그분은 기억하시며 돌아오기를 기다리신다. 이것이 바로 측량할 수 없는 그분의 사랑이다. 우리 성도들은 하나님을 올바로 이해해 그분을 슬프게 하는 일이 없도록 조심해야 하겠다.

> **사 49:15** 여인이 어찌 그 젖 먹는 자식을 잊겠으며 자기 태에서 난 아들을 긍휼히 여기지 않겠느냐 그들은 혹시 잊을지라도 나는 너를 잊지 아니할 것이라

3. 회개하면 용서하시고 치유하신다

하나님은 노하시되 영원히 노하지는 아니하시고, 회개하는 죄인들을 용서하시며, 상처를 치유하신다. 아무리 크고 중한 죄를 범했을지라도 용서하시고 사하신다. 인간의 생각과 세상의 풍속은 바뀌지만, 하나님은 결코 변치 않으시기에 그분과 바른 관계를 맺어야 한다.

> **대상 21:8** 다윗이 하나님께 아뢰되 내가 이 일을 행함으로 큰 죄를 범하였나이다 이제 간구하옵나니 종의 죄를 용서하여 주옵소서 내가

심히 미련하게 행하였나이다 하니라

대하 7:14 내 이름으로 일컫는 내 백성이 그들의 악한 길에서 떠나 스스로 낮추고 기도하여 내 얼굴을 찾으면 내가 하늘에서 듣고 그들의 죄를 사하고 그들의 땅을 고칠지라

한계와 초월

인간은 한 치 앞을 모른다. 하나님만이 모든 것을 아시고 주관하신다.

시 136:1~4 여호와께 감사하라 그는 선하시며 그 인자하심이 영원함이로다 신들 중에 뛰어난 하나님께 감사하라 그 인자하심이 영원함이로다 주들 중에 뛰어난 주께 감사하라 그 인자하심이 영원함이로다 홀로 큰 기이한 일들을 행하시는 이에게 감사하라 그 인자하심이 영원함이로다

시 136:8~9 해로 낮을 주관하게 하신 이에게 감사하라 그 인자하심이 영원함이로다 달과 별들로 밤을 주관하게 하신 이에게 감사하라 그 인자하심이 영원함이로다

1. 모든 길이 하나님께 있다

하나님께서는 고레스를 통하여 이스라엘을 해방시켰고, 예루살렘의 성읍과 성전을 재건하도록 계시하셨다. 곧 인간이나 제국이 아니라 살아 계신 하나님께서 길을 여신 것이다. 그래서 그 길은 위대하고 신비롭다. 따라서 성도들이라면 그 길을 알기 위하여 기도해야 한다.

대하 36:23 바사 왕 고레스가 이같이 말하노니 하늘의 신 여호와께서 세상 만국을 내게 주셨고 나에게 명령하여 유다 예루살렘에 성전을 건축하라 하셨나니 너희 중에 그의 백성된 자는 다 올라갈지어다 너희 하나님 여호와께서 함께 하시기를 원하노라 하였더라

2. 모든 자유는 하나님과 하나됨에 있다

하나님께서는 고레스에게 노예와 포로를 귀환시켜 이스라엘을 해방하도록 명하셨다. 그리하여 이스라엘은 자유를 얻었다. 바로 살아 계신 하나님의 구원의 능력이 임했던 것이다. 이 능력은 신약에서도 마찬가지였다. 죄인을 향한 주 예수 그리스도의 십자가는 죄에서의 해방과 자유를 주셨다. 이처럼 자유와 해방과 치유와 구원과 기쁨과 회복은 하나님과 하나됨에 있다.

사 61:1~11 주 여호와의 영이 내게 내리셨으니 이는 여호와께서 내게

기름을 부으사 가난한 자에게 아름다운 소식을 전하게 하려 하심이라 나를 보내사 마음이 상한 자를 고치며 포로된 자에게 자유를, 갇힌 자에게 놓음을 선포하며 여호와의 은혜의 해와 우리 하나님의 보복의 날을 선포하여 모든 슬픈 자를 위로하되 무릇 시온에서 슬퍼하는 자에게 화관을 주어 그 재를 대신하며 기쁨의 기름으로 그 슬픔을 대신하며 찬송의 옷으로 그 근심을 대신하시고 그들이 의의 나무 곧 여호와께서 심으신 그 영광을 나타낼 자라 일컬음을 받게 하려 하심이라 그들은 오래 황폐하였던 곳을 다시 쌓을 것이며 예로부터 무너진 곳을 다시 일으킬 것이며 황폐한 성읍 곧 대대로 무너져 있던 것들을 중수할 것이며 그들은 오래 황폐하였던 곳을 다시 쌓을 것이며 옛부터 무너진 곳을 다시 일으킬 것이며 황폐한 성읍 곧 대대로 무너져 있던 것들을 중수할 것이며 외인은 서서 너희 양 떼를 칠 것이요 이방 사람은 너희 농부와 포도원지기가 될 것이나 오직 너희는 여호와의 제사장이라 일컬음을 받을 것이라 사람들이 너희를 우리 하나님의 봉사자라 할 것이며 너희가 이방 나라들의 재물을 먹으며 그들의 영광을 얻어 자랑할 것이니라 너희가 수치 대신에 보상을 배나 얻으며 능욕 대신에 몫으로 말미암아 즐거워할 것이라 그리하여 그들의 땅에서 갑절이나 얻고 영원한 기쁨이 있으리라 무릇 나 여호와는 정의를 사랑하며 불의의 강탈을 미워하여 성실히 그들에게 갚아 주고 그들과 영원한 언약을 맺을 것이라 그들의 자손을 뭇 나라 가운데에, 그들의 후손을 만민 가운데에 알리리니 무릇 이를 보는 자가 그들은 여호와께 복 받은 자손이라 인정하리라 내가 여호와로 말미암아 크게 기뻐하며 내 영혼이 나의 하나님으로 말미암아 즐거워하리니 이는 그가 구원의 옷을 내게 입히시며 공의의 겉옷을 내게 더하심이 신랑이 사모를 쓰며 신부가 자기 보석으로 단장함 같게 하셨음이라 땅이 싹을 내며 동산이 거기 뿌린 것을 움돋게 함 같이 주 여호와께서 공의와 찬송을 모든 나라 앞에 솟아나게 하시리라

3. 믿는 자에게는 수치가 없다

의인에게는 수치가 없다. 실패도 없다. 하나님께서는 "누구든지 그를 믿는 자는 부끄러움을 당하지 아니하리라 롬 10:11"라고 하셨다. 하나님께 소망을 두고, 하나님을 믿는 자는 결코 부끄러움을 당하지 않는다고 약속하신 것이다. 그러나 우상과 점술과 거짓 선지자를 믿는 자는 부끄러움을 당하게 된다. 장래 일은 오직 하나님께 속해 있기 때문이다. 인간의 일과 하나님의 일은 한계와 초월로 구별되어 있다. 하나님만이 한계를 초월한다. 여호와 하나님께서 위대하신 것은 시간, 장소, 공간을 초월한 초월자이시기 때문이다. 그분은 창조의 주, 역사의 주이시기 때문이다.

사 45:16~17 우상을 만드는 자는 부끄러움을 당하며 욕을 받아 다 함께 수욕 중에 들어갈 것이로되 이스라엘은 여호와께 구원을 받아

나를 도우소서

다윗은 최악의 상황에서조차 하나님이 자기를 버리지 않으시리라는 확실한 믿음에 "나를 도우소서"라고 고백했다. 고통의 상황에서 하나님께 도움을 청하는 것은 너무 늦은 것이 아닌, 지혜로운 선택이요, 믿음의 신속한 행보다.

시 22:19 여호와여 멀리 하지 마옵소서 나의 힘이시여 속히 나를 도우소서

1. 다윗은 굳건한 믿음을 고백했다

한때 다윗은 사람들의 비방거리요, 백성들의 조롱거리였다. 사람들이 그의 한심한 처지와 신앙까지 얕잡아보고 놀려댈 때가 있었다. 그러나 다윗은 하나님이 자신을 버리신 것 같은 최악의 상황에서도 오직 하나님이 모태에서 나오게 하셨고, 내 어머니 젖을 먹

고 날 때부터 주께 맡긴 바 되었으며, '나의 하나님'이 되셨다고 고
백했다. 이때 "내 하나님이여!"라며 흔들리거나 바뀌지 않는 단단
한 믿음의 고백은 더욱 귀하다.

시 22:1 내 하나님이여 내 하나님이여 어찌 나를 버리셨나이까 어찌 나
를 멀리 하여 돕지 아니하시오며 내 신음 소리를 듣지 아니하시나이까

시 22:9~10 오직 주께서 나를 모태에서 나오게 하시고 내 어머니의
젖을 먹을 때에 의지하게 하셨나이다 내가 날 때부터 주께 맡긴 바 되
었고 모태에서 나올 때부터 주는 나의 하나님이 되셨나이다

2. 다윗은 하나님의 도우심에 간절히 의지했다

　다윗은 자신의 처지가 더 이상 소망이 없는 것처럼 보였지만, 실
망하거나 절망하거나 포기하지 않았다. 하나님의 도우심과 구원을
간절히 기원했다. 다윗은 하나님이 자신의 힘인 것을 알고 있었다.
누가 공격해 온다 해도 하나님께서 도와주시면 모든 것을 능히 이
겨 승리할 것을 확실히 믿고, 하나님께 의지했다. 우리도 다윗처럼
최후의 승자가 되자. 하나님께서는 또 되게 하실 것이다.

시 22:19 여호와여 멀리 하지 마옵소서 나의 힘이시여 속히 나를 도
우소서

3. 다윗은 자신의 모든 형편을 하나님께 맡겼다

주변에 도울 자가 하나도 없는 다윗을 악한 무리가 둘러싼 채 수족을 찌르고, 사자가 짐승을 잡기 위해 부르짖는 것처럼 달려들었다. 그러자 다윗은 뼈가 어그러지고, 마음은 다 녹아 죽음에 다다랐다. 이 상황에서도 그는 힘이 말라 몸은 질그릇 조각 같고, 혀는 입천장에 붙어버린 형편을 주님께 솔직히 고백하며 구원을 선포했다. 이로써 그에게는 구원의 실마리가 보이기 시작했다. 시작이 반이라는 말이 있듯, 선포 기도로 이미 문제 해결의 반을 이룬 것이다.

> **시 22:20~21** 내 생명을 칼에서 건지시며 내 유일한 것을 개의 세력에서 구하소서 나를 사자의 입에서 구하소서 주께서 내게 응답하시고 들소의 뿔에서 구원하셨나이다

성도의 탄원

신앙생활에서 의를 구하는 탄원은 승리의 때를 기다리는 믿음과 영안을 열어달라는 기도가 요구된다.

> **렘 42:2~3** 선지자 예레미야에게 이르되 당신은 우리의 탄원을 듣고

이 남아 있는 모든 자를 위하여 당신의 하나님 여호와께 기도해 주소서 당신이 보는 바와 같이 우리는 많은 사람 중에서 남은 적은 무리이니 당신의 하나님 여호와께서 우리가 마땅히 갈 길과 할 일을 보이시기를 원하나이다

1. 어느 때까지인가 인내하는 신앙

이 신앙은 로뎀나무 아래의 엘리야처럼 하나님께 드리는 신앙의 탄식이며, 깨달음과 은혜가 입혀진 신앙이다. 대적을 겁내지 않고 인내하는 신앙, 승리의 때를 바라보는 신앙이다. 하나님을 향한 이런 믿음의 탄원은 결국 간절한 기도로 승화된다.

왕상 19:9~10 엘리야가 그 곳 굴에 들어가 거기서 머물더니 여호와의 말씀이 그에게 임하여 이르시되 엘리야야 네가 어찌하여 여기 있느냐 그가 대답하되 내가 만군의 하나님 여호와께 열심이 유별하오니 이는 이스라엘 자손이 주의 언약을 버리고 주의 제단을 헐며 칼로 주의 선지자들을 죽였음이오며 오직 나만 남았거늘 그들이 내 생명을 찾아 빼앗으려 하나이다

왕상 19:18 그러나 내가 이스라엘 가운데에 칠천 명을 남기리니 다 바알에게 무릎을 꿇지 아니하고 다 바알에게 입맞추지 아니한 자니라

2. "나의 눈을 밝히소서"의 기도

탄원할 수밖에 없는 상황의 성도는 영적 지혜와 더불어 육신의 안력까지 허실케 될 수 있다. 그러므로 "나의 눈을 밝히소서"라고 간구해야 된다. 이렇게 눈을 떠야 할 까닭은 사망의 잠을 잘까 두려워서다. 원수들이 이기게 될까 두려워서다. 대적자들이 기뻐할까 두려워서다.

> **시 13:3** 여호와 내 하나님이여 나를 생각하사 응답하시고 나의 눈을 밝히소서 두렵건대 내가 사망의 잠을 잘까 하오며

3. 은총을 힘입는 삶

신앙생활의 여정을 보면 불과 구름 기둥의 은총도 있지만, 배고픔과 예기치 못한 사고와 질병과 가난의 고통도 있다. 그리므로 주의 인자하심을 의뢰하게 된다. 주의 후대하심을 입은 삶은 성도의 삶에 있어서 최대 행복이다. 그래서 영적 배멀미 같았던 상태에서 평온한 항해로 결론지어질 때 주의 구원을 기뻐하며 감사하게 된다. 여호와만 찬송하게 된다. 세상에서 받은 고통, 질병, 원수들의 박해는 사망이 아니라, 은총에 힘입는 은혜의 재료여야 한다. 고난이 고통으로 끝나게 하지 말고, 은총과 감사로 아름다운 열매를 맺게 하자.

4. 원수를 이기게 하심

교회는 구성원들의 인적 사항에 관계없이 원수를 이길 수 있는 특별한 능력을 부여받았다. 이 능력은 하나님께서 주신 영적 능력으로, 이 능력이 있어야만 마귀와 싸워 이기고, 죄에게 종노릇함이 없게 된다. 그러니 아무것도 두려워하지 말고 힘써 싸워야 한다. 성도가 대적하면 마귀는 파괴당하게 되어 있다. 그리스도가 교회의 머리 되시기 때문에 반드시 위대한 힘과 승리를 가지게 된다.

기도의 태도

기도라고 해서 모두 똑같은 것이 아니다. 하나님께 드리는 기도는 다음과 같은 기도여야 한다. 그래야 하나님께 닿을 수 있다.

1. 만남과 교제

기도는 일상 중에 부모와 자식, 남편과 아내, 친한 벗과의 만남과 같은 사랑의 교제 시간이다. 이 시간에 어떤 대화가 오가는가? 가까울수록, 친밀할수록 마음속 더 깊은 대화가 오간다. 듣기만 할 때도 있다. 진실한 관계는 꾸미거나 속이거나 이용하지 않는다. 때로는 꼭 특별한 일이나 목적이 있어서 만나거나 대화하는 것이 아니다. 깊은 사랑과 신실한 믿음에 기반한 교제여야 기쁘다. 이러한 기도는 천상의 비밀과 열쇠와 축복을 허락한다.

> 마 16:19 내가 천국 열쇠를 네게 주리니 네가 땅에서 무엇이든지 매면 하늘에서도 매일 것이요 네가 땅에서 무엇이든지 풀면 하늘에서도 풀리리라 하시고

2. 튜닝

다른 악기들과 음정을 맞추려 피아노를 조율하거나, 합주 전에 바이올린 현을 세부적으로 조정하는 것을 튜닝이라고 한다. 기도는 하나님과, 아니 하나님께 튜닝하는 것이다. 나의 뜻, 비전, 가치관을 하나님께 맞추고 조율하는 시간인 것이다. 오케스트라도 음정을 조율해야 조화롭고 아름다운 연주를 할 수 있다. 하나님께 돌아오는 회개와 순종하려는 마음도 마찬가지다. 내 뜻에 하나님이 맞추어 달라

고 구하여 이 기도가 모두 응답된다면 세상이 어떻게 되겠는가?

3. 온 마음을 다해 간절히 기도한다

기도는 하나님께 마음을 바치는 것이다. 하나님께서는 우리의 중심을 보시기 때문에 아무도 그분을 속일 수 없다. 기도하는 사람은 입술과 중심이 일치해야 하며, 하나님께 모든 것을 맡기고 온 마음을 다해 간절히 기도해야 한다.

4. 상한 심령으로 회개한다

자신의 잘못을 깨닫고 고백하며 상한 마음으로 하나님과의 관계가 회복되기를 구하면서 기도해야 한다. 다윗이 밧세바를 범하고 우리아를 죽인 후 스스로 회개하지 못하자, 하나님께서는 선지자

나단을 보내 그를 경책하셨다. 다윗은 간음죄와 살인죄를 짓고도 회개하지 않자 평안이 깨지고 오랜 동안 하나님의 음성을 못 듣게 되었다. 선지자의 지적 앞에 다윗은 일체 변명하지 않고 전심으로 통회자복하며 눈물로 요를 적실 정도로 철저하게 회개 기도를 드렸다.

5. 항상 쉬지 말고 기도한다

기도를 영의 호흡이라고 한다. 《신약성경》에서 성령은 '프뉴마'로 표현된다. 영을 뜻하는 루아흐 히브리어나 프뉴마 헬라어는 생명을 주시는 하나님의 영으로서, 피조물에게 생명을 주시는 숨, 호흡, 입 기운을 말한다. 기도가 우리 영의 생명과 직결됨을 알 수 있다. 따라서 기도를 쉬면 안 된다. 기도를 쉬면 영이신 하나님과의 관계, 교제가 단절된다. 즉 영이 사망하게 된다.

6. 깨어서 기도한다

예수님께서는 새벽녘 겟세마네에 베드로와 야고보와 요한을 데리고 기도하러 가셨다. 십자가에 돌아가시기 전, 예수님은 마음이 심히 고민되어 제자들에게 깨어 있으라 말씀하셨다. 바울은 데살로니가교회 성도들에게 자지 말고 깨어 있으라 당부했다. 빛의 아들, 낮의 아들이 되려면 영적으로 깨어 있어야 함을 뜻한다.

새벽 기도의 능력

새벽에 일어나 기도를 올려본 적이 있는가? 눈 비비고 일어나 세수를 하고 옷을 차려 입고 앉아 기도를 하노라면 영적으로 깨어 하나님과 오롯이 만나고 있음을 느끼게 된다. 그래서 나는 새벽 기도 찬양자다. 다음은 다윗이 사울을 피하여 굴에 있던 때 지은 믹담*시이다.

> **시 57:7** 하나님이여 내 마음이 확정되었고 내 마음이 확정되었사오니 내가 노래하고 내가 찬송하리이다

1. 새벽을 깨우는 찬양

'새벽을 깨운다'는 의미는 크게 두 가지 의미를 지닌다. 첫째는 시작되기 전 처음이라는 구별성이고, 둘째는 믿음의 정결함이다. 그리고 무엇보다 이 시간에는 누구의 방해를 받지 않아도 된다.

> **시 57:8** 내 영광아 깰지어다 비파야, 수금아, 깰지어다 내가 새벽을 깨우리로다

---

* '속죄의 송가(Psalm of Expiation)'란 뜻으로 다윗이 지은 여섯 편의 표제어(시 16편, 56~60편)로 쓰였고, 유대 랍비들은 이를 '황금시(Psalm of Gold)'로 부르기도 한다.

2. 새벽에 드리는 기도

금식 기도는 마음의 소원을 아뢰기 위해, 자기 절제와 영적 집중을 위해 음식을 먹지 않고 하는 기도이다. 철야 기도는 하나님과 깊은 영적 교제와 간절함을 나타낸다. 1980년대는 한국 교회의 대부흥기였다. 선교 한국 140여 년의 짧은 역사 속에서 이러한 놀라운 부흥의 태동은 기도의 힘이 컸다. 새벽 기도는 이른 아침에 일어나 첫 시간을 하나님께 드리며 하루를 하나님께 맡기고 시작하려는 목적이 있다. 예수님도 새벽 미명에 한적한 곳으로 가서 기도하셨다.

> **막 1:35** 새벽 아직도 밝기 전에 예수께서 일어나 나가 한적한 곳으로 가사 거기서 기도하시더니

3. 새벽 기도를 드리는 자에게 주시는 응답

아브라함은 새벽에 일어나 하나님의 말씀이 성취되는 것을 보았고, 야곱도 새벽에 천사와 씨름하며 간구해 새 이름 이스라엘을 받았으며, 모세 또한 아침 일찍 바로 앞에 서서 하나님의 능력을 행했다. 한나도 새벽에 간절히 기도해 사무엘을 얻었으며, 예수님도 새벽에 일어나 기도하였고 위대한 일을 하셨다. 하루의 시작이자, 하나님께 속한 첫 시간인 새벽을 말씀과 기도와 찬양으로 시작하자.

하나님의 보장

우리 성도들은 시련을 겪다 보면 하나님을 의심하는 우를 범하기도 한다. 이는 하나님과 믿음의 시험대에 오른 것이다. 하지만 다윗은 이러한 시련 속에서도 하나님께서 지키시고 보호하시며, 어떤 위험에서도 안전을 보장해 주심을 체험했다. 이처럼 하나님은 우리에게 다음과 같은 것을 보장해주신다. 그러니 조금도 의심하지 말라.

1. 장벽을 넘게 해주신다

이스라엘 백성이 출애굽하여 가나안 땅에 도착하기까지 수많은 장애물을 겪은 것처럼, 인생을 사는 동안 장애가 없을 수는 없다. 성도가 넘을 장애는 많다. 그러나 이스라엘은 전적으로 하나님께서 도우셔서 그 같은 난관들을 통과했다. 이와 같이 성도가 인생에서 어려운 장벽을 만나 넘고자 할 때 하나님께서는 도우신다.

> **시 33:20** 우리 영혼이 여호와를 바람이여 그는 우리의 도움과 방패시로다

2. 방패_{전쟁 때의 적의 공격을 막는 무기}가 되어 주신다

나윗처럼 파란만장한 삶을 산 사람도 드물다. 그런 위험을 겪으며 그가 부른 찬송이 '여호와는 방패시다'이다. 여호와는 바위시요, 견고한 요새로다. 하나님은 성도를 안전하게 보호하신다.

> **시 18:2** 여호와는 나의 반석이시요 나의 요새시요 나를 건지시는 이시요 나의 하나님이시요 내가 그 안에 피할 나의 바위시요 나의 방패시요 나의 구원의 뿔이시요 나의 산성이시로다

3. 믿음으로 승리케 하신다

하나님께서는 다윗이 싸울 때 대적을 물리치도록 도와주셨다. 완전한 승리를 주신 것이다. 하나님은 성도의 능력이요, 보호자요, 승리케 하는 분이시다. 성도에게 필요한 것은 오직 하나님을 향한 믿음뿐이다.

> **요일 5:4** 무릇 하나님께로부터 난 자마다 세상을 이기느니라 세상을 이기는 승리는 이것이니 우리의 믿음이니라

하나님의 질서

하나님은 역사와 우주를 통치하고 계시는 대주재자이시다. 이 세상 모든 나라는 하나님의 섭리와 지배를 받고 있으며, 후에는 하나님의 영원한 나라가 세워진다. 이 세상과 온 우주의 주인이신 하나님은 그분 나름의 질서를 가지고 운영하신다. 그 질서란 무엇일까?

> **고전 14:33** 하나님은 무질서의 하나님이 아니시요 오직 화평의 하나님이시니라 모든 성도가 교회에서 함과 같이

1. 우주를 움직이신다

우주의 모든 일들은 질서와 조화라는 하나님의 법칙에 의해 지배된다. 그 가운데 유독 하나님의 형상으로 지으심을 받은 인간들만이 주의 뜻을 거스르고 있다.

2. 인간의 모든 일을 주관하신다

그분은 인간사 모든 일을 주관하시며, 우리 내면까지도 살펴서 아신다. 절대 속이거나 숨길 수 없다.

을 금이나 은이나 돌에다 사람의 기술과 고안으로 새긴 것들과 같이

여길 것이 아니니라

3. 세계 역사를 다스리신다

하나님은 모든 것들을 당신의 섭리에 따라, 당신의 뜻대로 다스
리신다. 하나님의 질서에 순종하는 자에게는 은혜와 복이 따른다.
그러니 순종하는 자녀가 되어야 하겠다.

대상 29:12 부와 귀가 주께로 말미암고 또 주는 만물의 주재가 되사
손에 권세와 능력이 있사오니 모든 사람을 크게 하심과 강하게 하심
이 주의 손에 있나이다

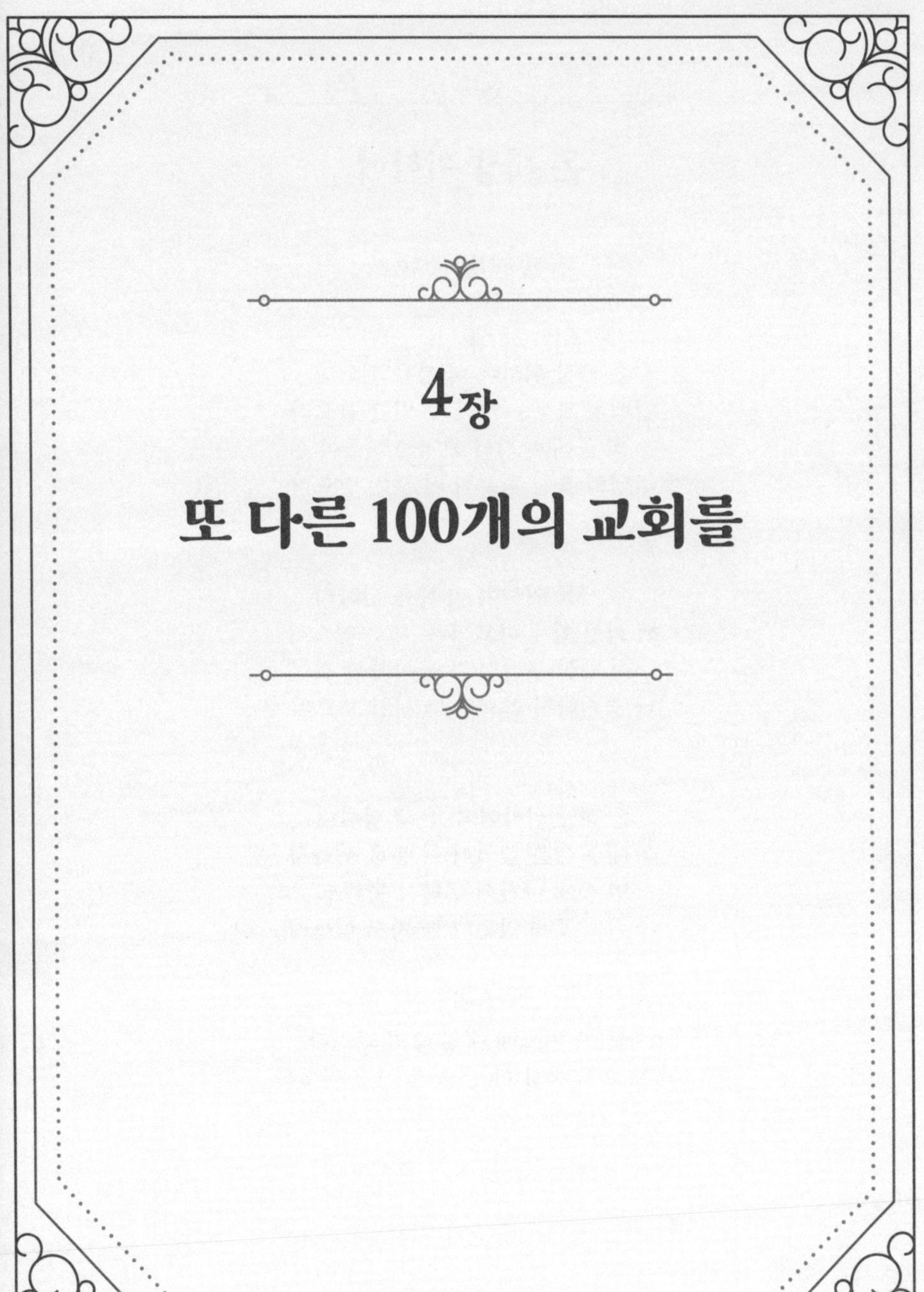

4장

또 다른 100개의 교회를

온 세상 위하여

- 찬송가 505장 -

1.
온 세상 위하여 나 복음 전하리
만백성 모두 나가서 주 말씀 들으라
죄 중에 빠져서 헤매는 자들아
주님의 음성 듣고서 너 구원 받으라

2.
온 세상 위하여 이 복음 전하리
저 죄인 회개 하고서 주 예수 믿으라
이 세상 구하려 주 돌아가신 것
나 증거하지 않으면 그 사랑 모르리

3.
온 세상 위하여 주 은혜 임하니
주 예수 이름 힘입어 이 복음 전하자
먼 곳에 나가서 전하지 못해도
나 어느 곳에 있든지 늘 기도 힘쓰리

<후렴>
전하고 기도해 매일 증인 되리라
세상 모든 사람 다 듣고 그 사랑 알도록

우리의 묘비에 딱 한 가지!

양화진에 가면 외국인 선교사 묘지가 있다. 그곳에는 한국을 사랑하고 한국에 복음의 씨앗을 뿌린 15개국 417명의 외국인 선교사님과 그 가족들이 안장되어 있다. 그중 루비 켄드릭 선교사의 묘비에는 "만일 내게 천 개의 생명이 있다면, 그 모두를 조선을 위해 바치리라", 헐버트 선교사의 묘비에는 "나는 웨스트민스터 사원에 묻히기보다 한국 땅에 묻히기를 더 원하노라"라고 적혀 있다. 당신은 죽기 전에 묘비명을 쓰라면 어떤 문구를 넣고 싶은가? 주님은 우리에게 땅끝까지 이르러 내 증인이 되라고 말씀하셨다.

> **행 1:8** 오직 성령이 너희에게 임하시면 너희가 권능을 받고 예루살렘과 온 유대와 사마리아와 땅 끝까지 이르러 내 증인이 되리라 하시니라
>
> **요 12:24** 내가 진실로 진실로 너희에게 이르노니 한 알의 밀이 땅에 떨어져 죽지 아니하면 한 알 그대로 있고 죽으면 많은 열매를 맺느니라

1. 복음의 능력

복음이 전파되는 곳에서는 역사의 기적이 일어난다. 수많은 사람

들이 죄의 길에서 떠나 하나님께로 돌아오고, 모순된 사회 제도들을 바꾸며, 주님을 적대시하던 사람들이 주께 헌신하고, 슬픔과 괴로움에 쌓여 살던 사람들이 기쁨의 찬송을 부르게 된다. 복음 선교는 세계를 하나님이 꿈꾸신 가장 이상적인 나라로 변화시킨다.

복음이 전파되는 세계 각처에서는 수많은 사람들이 주께 헌신하고, 주를 영화롭게 한다. 어둠의 세력 아래 있던 많은 영혼들이 죄의 세력을 떨치고 나와 새롭게 복음으로 무장해 십자가 군병이 된다. 따라서 유엔이나 다른 국제 기구들보다도 훨씬 더, 아니 종국적으로 완전한 세계 평화에 기여할 수 있는 것이 복음 선교다. 하나님의 구원의 큰 그림, 그 섭리, 언약 안으로, 진리 안으로, 여호와의 절기 이스라엘이나 유대인만의 절기가 아님 안으로 들어오라. 그리스도의 모든 교회들은 선교의 문을 활짝 열고, 복음 전하는 일에 힘써야 할 책임이 있다. 우리 주님이 얼마나 기뻐하시겠는가.

막 16:15~18 또 이르시되 너희는 온 천하에 다니며 만민에게 복음을 전파하라 믿고 세례를 받는 사람은 구원을 얻을 것이요 믿지 않는 사람은 정죄를 받으리라 믿는 자들에게는 이런 표적이 따르리니 곧 그들이 내 이름으로 귀신을 쫓아내며 새 방언을 말하며 뱀을 집어올리며 무슨 독을 마실지라도 해를 받지 아니하며 병든 사람에게 손을 얹은즉 나으리라 하시더라

2. 선교 사역의 신비

　우리가 복음을 들고 찾아가야 할 지역은 매우 넓고 광대하다. 예수님은 제자들에게 "추수할 것은 많되 일꾼이 적으니 추수하는 주인에게 청하여 추수할 일꾼들을 보내 주소서"라고 청하라 말씀하셨다마 9:37~38. 이 같은 사실은 우리가 해야 할 일이 많음을 교훈해 주는 동시에, 일손이 부족하니 지금 가서 일하도록 깨우쳐 준다. 지금은 지원하는 선교사가 부족하고 선교가 주춤하고 있다. 복음을 받은 사람들은 마지막 한 사람이 그리스도를 나의 주님이라고 고백할 때까지 온 천하, 모든 이들을 찾아가야 한다. 이스라엘에서 시작된 복음 선교의 지도는 유럽과 미국, 아시아, 아프리카, 중동 그리고 마지막 이스라엘에서 완성된다. 접붙임을 받은 우리는 이스라엘에 복음을 빚진 자임을 반드시 기억해야 한다.

눅 10:2 이르시되 추수할 것은 많되 일꾼이 적으니 그러므로 추수하는 주인에게 청하여 추수할 일꾼들을 보내 주소서 하라

롬 11:17~19 또한 가지 얼마가 꺾이었는데 돌감람나무인 네가 그들 중에 접붙임이 되어 참감람나무 뿌리의 진액을 함께 받는 자가 되었은즉 그 가지들을 향하여 자랑하지 말라 자랑할지라도 네가 뿌리를 보전하는 것이 아니요 뿌리가 너를 보전하는 것이니라 그러면 네 말이 가지들이 꺾인 것은 나로 접붙임을 받게 하려 함이라 하리니

롬 11:25~27 형제들아 너희가 스스로 지혜 있다 하면서 이 신비를 너

희가 모르기를 내가 원하지 아니하노니 이 신비는 이방인의 충만한 수가 들어오기까지 이스라엘의 더러는 우둔하게 된 것이라 그리하여 온 이스라엘이 구원을 받으리라 기록된 바 구원자가 시온에서 오사 야곱에게서 경건하지 않은 것을 돌이키시겠고 내가 그들의 죄를 없이 할 때에 그들에게 이루어질 내 언약이 이것이라 함과 같으니라

3. 선교의 결론, 한 새 사람

'한 새 사람 One New Man'은 에베소서의 핵심 개념이다. '한'은 연합된 공동체를, '새'는 이전과 다른 종말론적 교회를, '사람'은 유기체로서의 교회를 가리킨다. 예수 그리스도의 죽음과 부활로 창조된 새로운 인간형이자 교회 공동체로 유대인과 이방인 신자가 그리스도를 통해 하나로 연합된 공동체를 상징한다. 접붙임 비유를 통하여 참감람나무 뿌리의 진액을 함께 받는 자가 된 이방의 회복이 이스라엘과 연결되어 있음을 로마서 11장과 에베소서 2장 말씀에서 볼 수 있다.

엡 2:14~15 그는 우리의 화평이신지라 둘로 하나를 만드사 원수 된 것 곧 중간에 막힌 담을 자기 육체로 허시고 법조문으로 된 계명의 율법을 폐하셨으니 이는 이 둘로 자기 안에서 한 새 사람을 지어 화평하게 하시고

롬 11: 24 네가 원 돌감람나무에서 찍힘을 받고 본성을 거슬러 좋은

비극을 방지하라

아일랜드의 극작가, 평론가, 사회 운동가로 유명한 조지 버나드 쇼1856~1950는 1925년에 노벨문학상을 수상한 인물이다. 그냥 유명한 것이 아니다. 많은 평론가들은 버나드 쇼를 '셰익스피어 이후 최고의 극작가'라고 평한다. 극작품 '피그말리온Pygmalion'의 작가로도 유명한데, 해당 작품은 브로드웨이 뮤지컬 '마이 페어 레이디My Fair Lady'로 리메이크되기도 했고, 줄리아 로버츠가 주연한 영화 '귀여운 여인Pretty Woman'의 모티브가 되기도 하였다. 그렇게 열심히 살고, 성공한 인물로 평가받았던 그의 묘비명에는 이렇게 쓰여 있다.

"우물쭈물하다 내 이럴 줄 알았지."
"I knew if I stayed around long enough,
something like this would happen."

한 번 사는 인생을 우물쭈물 살다가 허무하게 끝내지 않으려면 우리는 어떻게 살아야 할까? 어떻게 해야 이런 우를 범하지 않을까?

1. 기회를 잡아라

기회를 잘 활용_{活用}해야 한다. 기회라는 놈은 앞머리만 있고 뒷머리는 없기에 올 때 잡아야지 지나가 버리면 잡을 수가 없다고 한다. 인생을 실패한 대부분의 경우는 의외로 우리가 알면서도 대비를 소홀히 하여 기회를 놓친 경우가 훨씬 더 많다. 하나님의 말씀에 순종하고, 그분의 뜻을 성취할 기회를 놓치지 말자.

2. 이기주의를 극복하라

이기주의를 극복해야 한다. 자기만의 유익을 구하고 자기만 사랑하는 자는 하나님 사랑, 이웃 사랑을 할 수 없다. 진정한 사랑이란 무엇일까? 아가페, 무조건적인 하나님 사랑이다.

3. 주의 뜻을 이해하라

주의 뜻을 이해해야 한다. 하나님께 지혜를 구하고, 범사에 감사하며, 성령의 충만함을 받도록 힘쓰자. 기회를 잘 포착하고 이타주의로 살고자 하면 주의 뜻을 이해하게 되고 비극을 방지하게 된다.

죽음 vs 천국에 대한 준비

"나를 위해서 사냥하며 가져다가 별미를 만들어 내가 먹게 하며 죽기 전에 여호와 앞에서 네게 축복하게 하라 하셨으니^{창 27:7}"라며 죽음을 준비하던 노년의 이삭이 지녔던 신앙을 보자. 그를 통해 우리는 많은 것을 깨달을 수 있다.

1. 인간은 종말이 있는 존재이다

모든 사람은 반드시 죽는다. 이것은 자연적인 현상이 아니고 죄의 대가이다. 우리는 인생을 마치고 반드시 그리스도에게 돌아가야 하는 존재들이다. 인간 개개인에게 육체적 종말이 있듯 역사에도 반드시 마지막이 있다.

2. 인간은 죽음, 아니 천국을 준비해야 한다

신자와 불신자의 중요한 차이 중 하나는 죽음에 대한 인식의 차이다. 불신자는 죽음 이후에 대한 확신이 없기 때문에 죽음이 최고의 공포 대상이다. 그러나 신자는 사후에 영생과 영광이 있기 때문에 부르심의 소망 가운데 살아가면서 죽음을 준비한다. 아니 천국 입성을 준비한다. 하루하루가 주어진 마지막 기회인 것처럼 하나님 앞에서 최선을 다하며 산다. 일찍이 이화여대 총장이던 김활란 박사는 유언으로 "내가 죽으면 슬프게 장송곡을 부르지 말고, 승리의 개선 찬송가를 불러달라"고 했다. 이 얼마나 멋진 유언인가?

> **창 47:30~31** 내가 조상들과 함께 눕거든 너는 나를 애굽에서 메어다가 조상의 묘지에 장사하라 요셉이 이르되 내가 아버지의 말씀대로 행하리이다 야곱이 또 이르되 내게 맹세하라 하매 그가 맹세하니 이스라엘이 침상 머리에서 하나님께 경배하니라
>
> **왕상 2:1~3** 다윗이 죽을 날이 임박하매 그의 아들 솔로몬에게 명령하여 이르되 내가 이제 세상 모든 사람이 가는 길로 가게 되었노니 너는 힘써 대장부가 되고 네 하나님 여호와의 명령을 지켜 그 길로 행하여 그 법률과 계명과 율례와 증거를 모세의 율법에 기록된 대로 지키라 그리하면 네가 무엇을 하든지 어디로 가든지 형통할지라

3. 인생은 신앙의 복, 영적 유산을 남겨야 한다

우리의 묘비에 "먹고 살다가 죽었다"라고 기록된다면 이 얼마나

허망한 일인가? 유감스럽게도 대부분의 사람들이 이 부류에 속한다. 그러나 이삭은 하나님 언약의 축복을 그의 후계자에게 물려주는 일로써 죽음을 준비했다. 후손을 보면 선조의 신앙을 미루어 짐작할 수가 있다. 우리는 주께서 부르시는 그때, 신앙의 유산을 남길 수 있도록 철저히 준비해야 한다. 나도 죽기 전에 아내와 함께 우리 자녀와 믿음의 권속들에게 손에 손을 잡고 축복 기도를 드리고 100세쯤 하늘나라에 가고 싶다.

> 창 27:28~29 하나님은 하늘의 이슬과 땅의 기름짐이며 풍성한 곡식과 포도주를 네게 주시기를 원하노라 만민이 너를 섬기고 열국이 네게 굴복하리니 네가 형제들의 주가 되고 네 어머니의 아들들이 네게 굴복하며 너를 저주하는 자는 저주를 받고 너를 축복하는 자는 복을 받기를 원하노라

금보다 귀한 믿음

다니엘과 세 친구들인 사드락, 메삭, 아벳느고의 빛나는 믿음을 우리의 자화상과 비교해 보자.

1. 주를 온전히 의뢰한 믿음

그들의 믿음은 주를 온전히 의뢰한 믿음이었다. 뜨거운 풀무불에 던져질 것을 알면서도 왕의 요구를 거절할 수 있었던 용기는 주에 대한 온전한 신뢰 없이는 불가능한 일이었다. 우리의 신앙도 주를 의뢰하는 신앙이어야 한다. 주를 의뢰할 때, 우리는 비로소 두려움을 극복할 수 있다. 우리도 주를 완전히 의뢰하는 신앙인이 되자!

> **단 3:14** 느부갓네살이 그들에게 물어 이르되 사드락, 메삭, 아벳느고야 너희가 내 신을 섬기지 아니하며 내가 세운 금 신상에게 절하지 아니한다 하니 사실이냐
>
> **단 3:17** 왕이여 우리가 섬기는 하나님이 계시다면 우리를 맹렬히 타는 풀무불 가운데에서 능히 건져내시겠고 왕의 손에서도 건져내시리이다

2. 타협을 철저히 배제한 믿음

불의와의 타협은 믿음을 약화시키고, 교회를 타락시키는 중요한 요인이 된다. 따라서 성도들은 그들이 보여준 타협하지 않는 신앙의 정신을 배우도록 해야 하겠다. '이것도 저것도'는 신앙에서 있을 수 없다. 그리스도 아니면 세상일 뿐, 두 주인을 섬기는 것은 불가능하며, 타협은 결국 주를 배반하는 행위가 된다.

3. 순교를 각오한 믿음

온전히 주를 따르려면 순교를 각오한 믿음을 가져야 한다. 그래야 타협하지 않고, 신앙의 절조를 지키는 것이 가능하다. 스데반과 사도 바울과 베드로가 순교를 각오한 것처럼, 우리 또한 순교를 각오한 믿음을 가져야만 하겠다. '죽으면 죽으리라'의 신앙을 갖자. 주를 온전히 의뢰하는 믿음은 담대하게 불의와 타협하지 않고, 죽기까지 주를 따르는 금과 같은 믿음이다. 나도 언제부터인가 순교를 두려워하지 않는 믿음을 가지게 되었다.

아름다운 교회

우리는 아름다운 교회를 꿈꾼다. 교회의 아름다움은 외형적인 데 있는 것이 아니라, 내실의 아름다움에 있다. 그렇다면 내면이 아름다운 교회는 어떤 모습을 지향하고 있을까?

1. 하나님의 모든 것으로 충만한 교회

하늘로부터 내려오는 기쁨, 평강, 믿음, 소망, 사랑, 그리고 성령으로 충만한 교회이다. 이 모든 충만함을 위해 지식에 넘치는 그리스도의 사랑을 아는 것이 중요하다.

가 박히고 터가 굳어져서 능히 모든 성도와 함께 지식에 넘치는 그리

스도의 사랑을 알고 그 너비와 길이와 높이와 깊이가 어떠함을 깨

달아 하나님의 모든 충만하신 것으로 너희에게 충만하게 하시기를

구하노라

2. 하나님께서 칭찬하시는 교회

요한계시록에는 세상의 일곱 교회 모형이 나온다. 하나님께서 기뻐하시는 교회는 교회의 규모가 아니라, 하나님이 주인그리스도가 머리되시고, 성도들이 한 몸을 이루는 교회이다. 신앙의 지조를 지킨 서머나 교회와 시험을 면제받은 빌라델비아 교회처럼 칭찬받을 수 있는 교회가 되자.

서머나 교회는 예루살렘 멸망 후 로마 제국과 유대인들에게 미움과 핍박을 받으며 황제 숭배 거부로 순교까지 당했다. 이때 순교를 당한 사도 요한의 제자이자 서머나 교회의 초대 감독 폴리캅이 남긴 유명한 말이 있다. "내 나이 86세, 사랑하는 주님은 내 일생 동안 나를 한 번도 해롭게 한 일이 없소. 어찌 내가 나를 구원하신 나의 주님을 배신부인할 수 있단 말이오?"가 그것이다.

계 2:9 내가 네 환난과 궁핍을 알거니와 실상은 네가 부요한 자니라

자칭 유대인이라 하는 자들의 비방도 알거니와 실상은 유대인이 아

3. 부르심의 소망, 기업의 영광의 풍성함, 주님의 크신 능력을 아는 교회

교회와 성도는 지혜의 영과 계시의 영을 구해야 한다. 그래야 하나님께서 우리를 이 땅에 보내신 목적, 즉 부르심의 소망을 위해 살아갈 수 있다. 기업의 영광의 풍성함을 알면 주님 외에 다른 것을 구하지 않게 된다. 또한 그분의 지극히 크신 능력을 깨닫게 되면 믿는 만큼 하나님의 초자연적인 능력을 경험하게 된다. 부르심의 소망을 이루고, 그 기업의 영광의 풍성함을 깨닫고, 하나님의 능력을 제한하지 않는 교회가 되자.

교회의 승리

우리는 하나님께 예배를 드리기 위해 교회를 찾는다. 그런데 교회는 그 조직 체계가 매우 특별하다. 이 세상에 있는 다른 조직과는 달리, 교회는 객관적인 평가에 의존하지 않고 독특한 평가로 이루어진다. 오직 머리되신 예수 그리스도에게 복종하는 교회가 참 교회요, 건강하고 좋은 교회다. 그렇다면 우리가 교회의 머리에 복종하면 어떤 것을 얻을 수 있을까?

엡 1:22 또 만물을 그의 발 아래에 복종하게 하시고 그를 만물 위에 교회의 머리로 삼으셨느니라

1. 은혜로 자유를 주심

교회의 독특한 점은 그 구성원들이 하나님의 은혜에 힘입어서 죄 사함과 자유를 얻은 사람들, 그리고 그들의 모임이라는 점이다.

> **갈 5:1** 그리스도께서 우리를 자유롭게 하려고 자유를 주셨으니 그러므로 굳건하게 서서 다시는 종의 멍에를 메지 말라
>
> **갈 5:13** 형제들아 너희가 자유를 위하여 부르심을 입었으나 그러나 그 자유로 육체의 기회를 삼지 말고 오직 사랑으로 서로 종 노릇 하라

2. 영원한 복의 약속을 주심

이 세계의 어느 기관, 어떤 단체도 영원한 약속을 보장해 주지 않는다. 반면에 교회는 하나님께서 영원무궁한 복을 약속해 주셨다. 교회 밖에서는 이러한 약속을 어느 누구도 해주지 않으며, 영원성이 있는 어떤 약속도 불가능하다.

> **삼하 7:29** 이제 청하건대 종의 집에 복을 주사 주 앞에 영원히 있게 하옵소서 주 여호와께서 말씀하셨사오니 주의 종의 집이 영원히 복을 받게 하옵소서 하니라
>
> **엡 3:6** 이는 이방인들이 복음으로 말미암아 그리스도 예수 안에서 함께 상속자가 되고 함께 지체가 되고 함께 약속에 참여하는 자가 됨이라

3. 음부의 권세를 이기게 하심

교회는 그 구성원들의 직분이나 인적 사항에 관계없이 원수를 이

길 수 있는 특별한 능력을 부여받았다. 이 능력은 하나님께서 주신 영적 능력으로, 이 능력이 있어야만 마귀와 싸워 이기고 죄에게 무릎 꿇어 종노릇을 하지 않게 된다. 그러니 아무것도 두려워하지 말고 힘껏 싸워야 한다. 성도가 대적하면 마귀는 피하게 되어 있다. 교회의 머리는 그리스도이기 때문에 위대한 승리를 하게 된다. 최후의 승리가 보장된다.

> **마 16:18** 또 내가 네게 이르노니 너는 베드로라 내가 이 반석 위에 내 교회를 세우리니 음부의 권세가 이기지 못하리라
>
> **엡 6:11** 마귀의 간계를 능히 대적하기 위하여 하나님의 전신 갑주를 입으라
>
> **약 4:7** 그런즉 너희는 하나님께 복종할지어다 마귀를 대적하라 그리하면 너희를 피하리라
>
> **벧전 5:8** 근신하라 깨어라 너희 대적 마귀가 우는 사자 같이 두루 다니며 삼킬 자를 찾나니

4. 다윗의 열쇠를 주심

열쇠는 권세와 통치를 나타낸다. 천국 문을 열고 닫을 수 있는 권세와 능력이 오직 다윗의 후손인 예수 그리스도에게 있음을 보여준다. 하나님은 천국의 열쇠를 베드로_{교회}에게 주셨다. 교회인 우리

에게도 다윗의 묶고 푸는 열쇠가 있음을 깨닫고, 이 막강한 권세를 사용하면 세상을 이길 수 있다.

5. 분투의 승리

- 찬송가 359장 천성을 향해 가는 성도들아

천성을 향해 가는 성도들아
앞길에 장애를 두려워하지 마라
성령이 너를 인도하시리니
왜 지체를 하고 있느냐

너 가는 길을 누가 비웃거든
확실한 증거를 보여주어라
성령이 친히 감화하여 주사
그들도 참 길을 찾으리

너 가는 길을 모두 가기 전에

네 손에 든 검을 꽂지 말아라
저 마귀 흉계 모두 깨뜨리고
끝까지 잘 싸워 이겨라

앞으로 앞으로 천성을 향해 나가세
천성 문만 바라고 나가세
모든 천사 너희를 영접하러
문 앞에 기다려 서 있네

하나님 나라의 선포

예수님께서는 공생애를 시작하실 때 먼저 열두 제자를 세우셨다. 그들과 두루 다니시며 말씀을 가르치시고, 병자들을 축사·치유하시고, 천국 복음을 전파하셨다. 그럼에도 불구하고 예수께서 권능을 가장 많이 행하신 고을들이 회개하지 않자 "화 있을진저 고라신아, 화 있을진저 벳새다야"라고 책망하시며 칠십 인의 전도팀을 따로 파송하셨다. 그렇다면 우리 성도들은 전도를 어떻게 바라 봐야 할까?

눅 10:1 그 후에 주께서 따로 칠십 인을 세우사 친히 가시려는 각 동네와 각 지역으로 둘씩 앞서 보내시며

1. 전도는 기쁨

전도하고 돌아온 제자들의 발걸음은 기쁘고 신이 나서 몹시 가벼웠다. 그들은 그리스도의 능력에 힘입어 전도했을 때, 귀신들도 항복하는 것을 직접 체험했다. 그들이 이번 전도 여행을 통해 크게 깨달은 것은 바로 전도의 기쁨이었다. 이 기쁨을 맛보는 성도는 진정한 기쁨으로 언제 어디서든지 가치 있는 삶을 살 수 있다.

눅 10:17 칠십 인이 기뻐하며 돌아와 이르되 주여 주의 이름이면 귀신들도 우리에게 항복하더이다

2. 예수, 주의 이름은 사탄을 이기는 능력

기뻐하며 돌아와 보고하는 제자들을 향하여 예수님은 "사탄이 하늘로부터 번개같이 떨어지는 것을 내가 보았노라눅 10:18"라고 말씀하셨다. 예수 이름으로, 그분이 주신 권능으로 하는 전도는 사탄을 이기는 가장 강한 능력을 지녔다. 원수의 모든 능력을 제어할 권능을 지닌 사람을 해할 자는 그 어디에도 없다. 성도들에게는 이 악한 세상에 이런 담대함과 확신에 가득 찬 전도의 자세가 필요하다.

눅 10:19 내가 너희에게 뱀과 전갈을 밟으며 원수의 모든 능력을 제어할 권능을 주었으니 너희를 해칠 자가 결코 없으리라

3. 너희 이름이 하늘에 기록되는 큰 상

전도는 남에게 구원의 복음을 전하는 것이지만, 전도하는 사람 자신에게도 큰 유익이 된다. 주님은 "귀신들이 너희에게 항복하는 것으로 기뻐하지 말고, 너희 이름이 하늘에 기록되는 것으로 기뻐하라눅 10:20"고 하면서 전도자에게 돌아갈 큰 상을 말씀하셨다. 전도 보고는 확신과 기쁨의 증언이었다. 그 가운데 제자도는 깊어져 갔다. 우리 성도들도 그 큰 상을 받도록 노력을 기울여야 하겠다.

> **행 5:42** 그들이 날마다 성전에 있든지 집에 있든지 예수는 그리스도라고 가르치기와 전도하기를 그치지 아니하니라
>
> **고전 15:58** 그러므로 내 사랑하는 형제들아 견실하며 흔들리지 말고 항상 주의 일에 더욱 힘쓰는 자들이 되라 이는 너희 수고가 주 안에서 헛되지 않은 줄 앎이라

타오르는 열정

바울은 전도를 위해 자신의 안전을 도모하지 않았다. 그는 복음의 일꾼으로 부르심을 받은 날부터 주님을 위해 결박당하는 것은 물론, 죽음까지 준비한 사람이었다. 이처럼 철두철미하게 자기를

부인하지 않고서는 그리스도께 헌신할 수 없다. 그리스도 제자도의 첫째 조건은 자기를 부인하고 자기 십자가를 지고 예수를 따르는 것이다^{마 16:24}. 또한 바울처럼 자신을 십자가에 못 박는 것이다. 바울은 자신을 박해하는 자들도 미워하지 않았다. 그는 모든 사람이 더불어 화평하기를 원했고, 무지로 인해 하나님을 거역하는 동족들을 위해서라면 어떤 희생이라도 감수코자 했다. 바울은 그들을 위해 무슨 일인가를 해야 한다고 생각했다. 박해받는 자, 하나님께서 '땀과 승리 그리고 피를 뿌려' 쓰신 자들은 하나님으로부터 후한 상을 받는다. 그렇다면 누가 천국에서 큰 상을 받을까?

갈 5:24 그리스도 예수의 사람들은 육체와 함께 그 정욕과 탐심을 십자가에 못 박았느니라

히 11:26 그리스도를 위하여 받는 수모를 애굽의 모든 보화보다 더 큰 재물로 여겼으니 이는 상 주심을 바라봄이라

1. 전도하는 자가 상을 받는다

심는 이와 물을 주는 이의 수고는 매 한 가지이나, 각각 자기가 일한대로 자기의 상을 받는다고 《성경》은 약속하였다. 바울은 심은 자였고, 아볼로는 물을 주는 자였다. 그리고 하나님은 자라게 하셨다고 바울은 전도의 단계를 설명했다.

전도자는 봉사할 뿐 그 주체는 하나님이심을 교훈하면서 협력 전도를 권면했다. 아볼로는 고린도 교회에서 자기를 내세우는 우월성을 논해 바울의 마음을 아프게 하였다. 전도자들이 사사로운 칭찬이나 유익을 위해 복음을 전하며 당파를 만드는 일만큼 잘못된 일은 없다.

2. 지혜로운 건축자가 상을 받는다

오직 예수 그리스도가 교회의 든든한 반석, 터가 된다. 우리는 그 위에 좋은 재료와 있는 재주(재능)를 부지런히 다 동원하여 건축을 해야 한다. 폭풍이 몰아쳐도 무너지지 않고, 불의 심판 때에도 타지 않고 견뎌내는 집을 세워야 한다. 순수하고 강한(오직 예수) 복음, 원래적인(원시) 복음, 능력 있는(십자가) 복음만이 가장 훌륭한 건축을 완성한다. 상을 받는 자는 땀과 수고와 인내 그리고 예수 피를 뿌려 건축한 자들뿐이다. 우리 성도들도 때를 얻든 못 얻든 하나님의 복음을 기쁘게 증거하는 전도자가 되자.

주님의 위대한 일꾼들

《성경》을 보면 예수께서는 부활 후 열한 제자가 음식을 먹을 때 나타나셨다. 그리고 그들이 믿음이 없고, 마음이 무딘 것을 꾸짖으셨다. 그들이 예수께서 살아난 것을 본 사람들의 말을 믿지 않았기 때문이다. 그리고 승천하시기 전 예수께서는 그들에게 말씀하셨다. 그 후 제자들은 나가서 두루 복음을 전파하였다. 주님께서는 그들과 함께 일하시고, 그들에게 여러 가지 표징이 따르게 하셔서 말씀을 확증하여 주셨다. 그들처럼 하나님을 위해 단 한

번 주어진 일생을 위대하게 산다는 것은 가치 있는 일이며, 어려운 일이다.

그렇다면 그들은 어떠한 사람들이었을까?

> **눅 24:45~48** 이에 그들의 마음을 열어 성경을 깨닫게 하시고 또 이르시되 이같이 그리스도가 고난을 받고 제삼일에 죽은 자 가운데서 살아날 것과 또 그의 이름으로 죄 사함을 받게 하는 회개가 예루살렘에서 시작하여 모든 족속에게 전파될 것이 기록되었으니 너희는 이 모든 일의 증인이라

1. 보내심

그들은 주님께 보내심을 받은 일꾼들이었다. 주님께 쓰임 받는 사람들은 위대하고 아름다운 소식을 전하는 삶을 살게 된다.

> **롬 10:15** 보내심을 받지 아니하였으면 어찌 전파하리요 기록된 바 아름답도다 좋은 소식을 전하는 자들의 발이여 함과 같으니라

2. 증인

그들은 하나님 나라를 밝히고 증명하고 전파하는 증인들이었다.

만민에게 복음을 전파하는 일은 가장 중요하고 고귀한 사역이다.

3. 기사와 표적

그들은 놀라운 기사와 표적이 따르는 일꾼이었다.

4. 적색 순교와 녹색 순교

신앙을 지키기 위해 죽는 적색 순교와 신앙을 지켜내기 위해 살아가는 녹색 순교 모두 귀하고 가치 있다. 위대한 사람들은 위대한 주님의 일에 임명받아 그 일을 완수한 자들이다.

초림과 재림

아담의 선악과 범죄 이후 사람들은 죄악 상태에 처해 있었다. 그렇기 때문에 안타깝게도 하나님께서는 인간들을 떠나 계셨다.

창 3:5-6 너희가 그것을 먹는 날에는 너희 눈이 밝아져 하나님과 같이 되어 선악을 알 줄 하나님이 아심이니라 여자가 그 나무를 본즉 먹음직도 하고 보암직도 하고 지혜롭게 할 만큼 탐스럽기도 한 나무인지라 여자가 그 열매를 따먹고 자기와 함께 있는 남편에게도 주매 그도 먹은지라

1. 초림, 여호와로부터 버림받은 인간을 위하여

아담이 선악과를 먹은 후, 우리 인간은 하나님과 분리되었다. 그

러나 사랑의 여호와 하나님께서는 그것을 철회하시고 강림하셨다. 하나님의 초월적 사랑의 증거는 독생자 예수 그리스도를 이 땅에 보내심초림으로 알 수 있다. 또한 하나님은 예수 그리스도의 영광스런 재림을 통해 우리를 구원의 완성으로 이끄신다. 이사야서 61장 2절에서는 초림은혜의 해과 재림보복의 날을 한 절에 담아 구원의 아름다운 소식을 들려준다.

> **창 3:3** 동산 중앙에 있는 나무의 열매는 하나님의 말씀에 너희는 먹지도 말고 만지지도 말라 너희가 죽을까 하노라 하셨느니라
>
> **고전 15:22~24** 아담 안에서 모든 사람이 죽은 것 같이 그리스도 안에서 모든 사람이 삶을 얻으리라 그러나 각각 자기 차례대로 되리니 먼저는 첫 열매인 그리스도요 다음에는 그가 강림하실 때에 그리스도에게 속한 자요 그 후에는 마지막이니 그가 모든 통치와 모든 권세와 능력을 멸하시고 나라를 아버지 하나님께 바칠 때라
>
> **사 61:2** 여호와의 은혜의 해와 우리 하나님의 보복의 날을 선포하여 모든 슬픈 자를 위로하되

2. 여호와 하나님이 강림하신 이유

예수 그리스도의 복음 시대와 더불어 성령의 은혜 시대인 현재도 구원의 역사와 사역이 이루어지고 있는 중이다. 예수님의 세 가지

핵심 사역은 가르침_{Teaching}, 천국 복음 전파 _{Preaching}, 치유_{Healing} 였다.

3. 예언 성취의 계속성

그를 영접하는 자는 참된 기쁨으로 신앙생활을 한다. 최후에 그들은 구원받을 뿐만 아니라 약속하신 새 하늘과 새 땅에서 완전한 자유와 기쁨을 누리게 될 것이다. 마라나타! 듣기만 하여도 황홀하다. 생각만 하여도 가슴이 터질 듯 뛴다.

선지자 이사야와 사도 요한은 그 구체적인 계시를 기록에 남겨서 신앙인들에게 확신을 주고 있다. 우리 주님의 은혜를 우리는 무엇으로 보답할꼬?

4. 재림, 신부를 위하여

요한계시록을 보면 예수님의 지상 재림을 기점으로 그 이전에 말세 7년 대환난이 있는데, 이 중간에 휴거_{성도들의 공중 들림, 살전 4:17}와 함께 예수님의 공중 강림이 있게 된다. 이후 하나님께서 큰 날에 아마겟돈에서 선과 악의 최후 전쟁에서 승리할 때 짐승과 거짓 선지자는 유황 불 못에 던져지고, 예수님의 발이 예루살렘 앞 동쪽 감람산에 딛게 된다_{슥 14:4~5}. 그 후에는 재림하신 예수님과 성도들의 천년왕국 통치와 백보좌 심판, 새 하늘과 새 땅, 새 예루살렘의 도래로 이어진다.

계 19:20 짐승이 잡히고 그 앞에서 표적을 행하던 거짓 선지자도 함께 잡혔으니 이는 짐승의 표를 받고 그의 우상에게 경배하던 자들을 표적으로 미혹하던 자라 이 둘이 산 채로 유황불 붙는 못에 던져지고

계 20:4 또 내가 보좌들을 보니 거기에 앉은 자들이 있어 심판하는 권세를 받았더라 또 내가 보니 예수를 증언함과 하나님의 말씀 때문에 목 베임을 당한 자들의 영혼들과 또 짐승과 그의 우상에게 경배하지 아니하고 그들의 이마와 손에 그의 표를 받지 아니한 자들이 살아서 그리스도와 더불어 천 년 동안 왕 노릇 하니

계 20:12 또 내가 보니 죽은 자들이 큰 자나 작은 자나 그 보좌 앞에 서 있는데 책들이 펴 있고 또 다른 책이 펴졌으니 곧 생명책이라 죽은 자들이 자기 행위를 따라 책들에 기록된 대로 심판을 받으니

계 21:2 또 내가 보매 거룩한 성 새 예루살렘이 하나님께로부터 하늘에서 내려오니 그 준비한 것이 신부가 남편을 위하여 단장한 것 같더라

계 21:9 일곱 대접을 가지고 마지막 일곱 재앙을 담은 일곱 천사 중 하나가 나아와서 내게 말하여 이르되 이리 오라 내가 신부 곧 어린 양의 아내를 네게 보이리라 하고

계 22:17 성령과 신부가 말씀하시기를 오라 하시는도다 듣는 자도 오라 할 것이요 목마른 자도 올 것이요 또 원하는 자는 값없이 생명수를 받으라 하시더라

144,000

요한계시록이나 《성경》을 해석할 때는 문맥상 상징이나 비유나 명백히 다른 것을 가리키는 것이 아니라면 문자 그대로 해석하는 것이 가장 안전하다. 요한계시록 7장과 14장 두 곳에는 144,000이라는 숫자가 나온다. 이 숫자는 무엇을, 누구를 의미할까?

> **계 14:1** 또 내가 보니 보라 어린 양이 시온 산에 섰고 그와 함께 십사만 사천이 서 있는데 그들의 이마에는 어린 양의 이름과 그 아버지의 이름을 쓴 것이 있더라

1. 이마에 인침을 받은 하나님의 종들인 유대인의 수

이 숫자는 이스라엘의 각 지파 중에 인침을 받은 자를 가리키고 있다. 성령님의 강권적인 인치심으로 회심하여 예수님을 믿게 된 자들이다. 상징이 아닌 문자적으로 해석한 이유는 하나님께서 미리 아시고, 유대인 12지파의 이름단지파는 빠짐을 하나하나 언급하시며 이 144,000각 지파의 12,000에 12를 곱한 수은 분명히 유대인이스라엘 자손이라고 말씀하셨기 때문이다.

> **계 7:2~8** 또 보매 다른 천사가 살아 계신 하나님의 인을 가지고 해 돋는

데로부터 올라와서 땅과 바다를 해롭게 할 권세를 받은 네 천사를 향하여 큰 소리로 외쳐 이르되 우리가 우리 하나님의 종들의 이마에 인치기까지 땅이나 바다나 나무들을 해하지 말라 하더라 내가 인침을 받은 자의 수를 들으니 이스라엘 자손의 각 지파 중에서 인침을 받은 자들이 십사만 사천이니 유다 지파 중에 인침을 받은 자가 일만 이천이요 르우벤 지파 중에 일만 이천이요 갓 지파 중에 일만 이천이요 아셀 지파 중에 일만 이천이요 납달리 지파 중에 일만 이천이요 므낫세 지파 중에 일만 이천이요 시므온 지파 중에 일만 이천이요 레위 지파 중에 일만 이천이요 잇사갈 지파 중에 일만 이천이요 스불론 지파 중에 일만 이천이요 요셉 지파 중에 일만 이천이요 베냐민 지파 중에 인침을 받은 자가 일만 이천이라

2. 큰 환난을 이기고 나온 구원받은 자들

요한계시록에 언급된 큰 환난 한 이레은 이스라엘의 구원의 시기인데, 이방인인 두 증인의 복음을 듣고서 이스라엘이 예수를 믿고 돌아오는 시간이다. 전 세계에 흩어진 유대인과 이방인 환난 성도들에게 영원한 복음을 전파할 두 증인은 이 기간에 하나님 말씀 마지막 때의 메시지을 선포한 후 죽임당하는 순교할 종들이다.

예수님께서 3년 반 공생애를 마치고 3일 만에 부활했듯, 두 증인이 1,260일 3년 반 동안 사역을 마치면 땅이 죽은 자를 내놓는 부활 첫째 부활의 시간이 온다 사 26:19. 7년 대환난 중간, 삼년 반 때에 죽은 순

교자들이 먼저 부활한 후 일곱째 나팔이 불리면 인침받은 144,000 유대인 사역자의 휴거와 예수님의 공중 강림이 있다.

계 7:14 내가 말하기를 내 주여 당신이 아시나이다 하니 그가 나에게 이르되 이는 큰 환난에서 나오는 자들인데 어린 양의 피에 그 옷을 씻어 희게 하였느니라

단 9:27 그가 장차 많은 사람들과 더불어 한 이레 동안의 언약을 굳게 맺고 그가 그 이레의 절반에 제사와 예물을 금지할 것이며 또 포악하여 가증한 것이 날개를 의지하여 설 것이며 또 이미 정한 종말까지 진노가 황폐하게 하는 자에게 쏟아지리라 하였느니라 하니라

계 8:1 일곱째 인을 떼실 때에 하늘이 반 시간쯤 고요하더니

사 26:19 주의 죽은 자들은 살아나고 그들의 시체들은 일어나리이다 티끌에 누운 자들아 너희는 깨어 노래하라 주의 이슬은 빛난 이슬이니 땅이 죽은 자들을 내놓으리로다

살전 4:17 그 후에 우리 살아 남은 자들도 그들과 함께 구름 속으로 끌어 올려 공중에서 주를 영접하게 하시리니 그리하여 우리가 항상 주와 함께 있으리라

3. 그 입에 거짓말이 없고, 새 노래를 배워 부르는 자들

요한계시록 14장에는 보좌 앞과 네 생물과 장로들 앞에서 새 노

래를 부르는 자들이 나온다. 이 새 노래를 부르는 이들은 땅에서 속량함을 받은 144,000이다. 사도 요한은 이들을 여자와 더불어 더럽히지 아니하고 순결한 자요, 어린 양이 어디로 인도하든지 따라가는 자며, 사람 가운데에서 속량함을 받아 처음 익은 열매로 하나님과 어린 양에게 속한 자들이라고 묘사했다. 한 마디로 그 입에 거짓말이 없고 흠이 없는 자들이다.

인간은 살면서 다 거짓말을 한 번 이상은 한다. 그렇다면 요한의 '거짓말'에 대한 의미를 다른 책에서는 어떻게 다루고 있을까? 요한 일서에서는 거짓말하는 자를 계명을 지키지 아니하는 자요, 예수께서 그리스도임을 부인하는 자요, 하나님을 사랑하노라 하고 그 형제를 미워하는 자라고 정의하고 있다.

> **계 14:2~5** 내가 하늘에서 나는 소리를 들으니 많은 물 소리와도 같고 큰 우렛소리와도 같은데 내가 들은 소리는 거문고 타는 자들이 그 거문고를 타는 것 같더라 그들이 보좌 앞과 네 생물과 장로들 앞에서 새 노래를 부르니 땅에서 속량함을 받은 십사만 사천 밖에는 능히 이 노래를 배울 자가 없더라 이 사람들은 여자와 더불어 더럽히지 아니하고 순결한 자라 어린 양이 어디로 인도하든지 따라가는 자며 사람 가운데에서 속량함을 받아 처음 익은 열매로 하나님과 어린 양에게 속한 자들이니 그 입에 거짓말이 없고 흠이 없는 자들이더라
>
> **요일 2:4** 그를 아노라 하고 그의 계명을 지키지 아니하는 자는 거짓말

하는 자요 진리가 그 속에 있지 아니하되

요일 2:22 거짓말하는 자가 누구냐 예수께서 그리스도이심을 부인하는 자가 아니냐 아버지와 아들을 부인하는 그가 적그리스도니

요일 4:20 누구든지 하나님을 사랑하노라 하고 그 형제를 미워하면 이는 거짓말하는 자니 보는 바 그 형제를 사랑하지 아니하는 자는 보지 못하는 바 하나님을 사랑할 수 없느니라

심판의 메시야

하나님께서는 "또 내가 보니 죽은 자들이 큰 자나 작은 자나 그 보좌 앞에 서 있는데 책들이 펴 있고 또 다른 책이 펴졌으니 곧 생명책이라 죽은 자들이 자기 행위를 따라 책들에 기록된 대로 심판을 받으니 계 20:12"라며 메시야를 통해서 심판하신다고 말씀하셨다.

고후 5:10 이는 우리가 다 반드시 그리스도의 심판대 앞에 나타나게 되어 각각 선악간에 그 몸으로 행한 것을 따라 받으려 함이라

1. 행위에 따라 심판하신다

하나님께서는 믿지 않는 자는 물론이거니와 하나님의 선택된 백성들도 행위에 따라 심판하신다. 선택받았다고 하면서도 하나님을 제대로 경외하지 않고, 온갖 사회악을 범하고 있는 것이 현실이다. 모쪼록 주님 오실 때 부끄러움 없이 맞이할 준비를 하자.

> **계 20:12~13** 또 내가 보니 죽은 자들이 큰 자나 작은 자나 그 보좌 앞에 서 있는데 책들이 펴 있고 또 다른 책이 펴졌으니 곧 생명책이라 죽은 자들이 자기 행위를 따라 책들에 기록된 대로 심판을 받으니 바다가 그 가운데에서 죽은 자들을 내주고 또 사망과 음부도 그 가운데에서 죽은 자들을 내주매 각 사람이 자기의 행위대로 심판을 받고

2. 거룩하고 흠이 없게 하라

우리는 더러운 모든 죄악을 찾아내어 모두 정화하고 주님의 심판대 앞에 설 때까지 늘 겸손하게 자신을 살피는 삶을 살아야 할 것이다.

> **엡 5:27** 자기 앞에 영광스러운 교회로 세우사 티나 주름 잡힌 것이나 이런 것들이 없이 거룩하고 흠이 없게 하려 하심이라

영생은!

1. 하나님께서 주신 것

이 생명은 사람들이 인위적인 노력이나 행동으로 얻은 것이 아니다. 생명영생은 믿음에 대한 보상이 아니라 은혜였다. 오히려 생명은 하나님으로 말미암아 주어졌다. 그다음에 사람이 믿게 되었다. 요한은 '듣고'와 '믿고'를 한 어휘로 설명하였다. 그 말의 뜻은 '들음으로 믿는다'는 것이었다.

요 5:24 내가 진실로 진실로 너희에게 이르노니 내 말을 듣고 또 나 보내신 이를 믿는 자는 영생을 얻었고 심판에 이르지 아니하나니 사망에서 생명으로 옮겼느니라

엡 2:8 너희는 그 은혜에 의하여 믿음으로 말미암아 구원을 받았으니 이것은 너희에게서 난 것이 아니요 하나님의 선물이라

롬 10:17 그러므로 믿음은 들음에서 나며 들음은 그리스도의 말씀으로 말미암았느니라

2. 예수를 통해 주신 것

하나님은 성도들에게 독생자 예수 그리스도를 주셨다. 이들은 하나님의 은혜로 예수 그리스도의 복음을 듣고믿고 생명을 얻게 되었

다. 예수께서는 자기를 믿는 자들에게는 현재적 삶이 더 풍성하게 된다고 말씀하셨다. 예수님 안에 생명이 있다. 누구든 예수를 통해 풍성한 생명을 얻을 수 있다. 그 생명은 우리의 죽음 이후 생과 현재의 삶까지도 변화시켰다.

> **요 10:10** 도둑이 오는 것은 도둑질하고 죽이고 멸망시키려는 것뿐이요 내가 온 것은 양으로 생명을 얻게 하고 더 풍성히 얻게 하려는 것이라

3. 부활을 통해 주신 것

예수께서는 최초의 생명과 현재의 풍성한 생명, 그리고 미래의 생명에 대해 설명하셨다. 특히 성두의 생명은 부활로 말미암아 온전한 생명을 누리게 된다고 말씀하셨다. 하나님께서 주신 은사인 영원한 생명은 영원히 지속될 것이다. 이 부활의 생명은 예수 그리스도를 통해서만 얻을 수 있다. 생명을 얻기 위한 우리의 노력은 모두 헛되다. 오직 주께만 생명이 있기 때문이다.

> **요 11:25~26** 예수께서 이르시되 나는 부활이요 생명이니 나를 믿는 자는 죽어도 살겠고 무릇 살아서 나를 믿는 자는 영원히 죽지 아니하리니 이것을 네가 믿느냐

너는 나를 사랑하느냐?

　다음은 유대인 신앙의 핵심이 되는 내용이다.

　경건한 유대인들은 회당과 가정에서 아침저녁으로 말씀_{토라}을 외운다.

　"이스라엘아 들으라 우리 하나님 여호와는 오직 유일한 여호와이 시니 너는 마음을 다하고 뜻을 다하고 힘을 다하여 네 하나님 여호 와를 사랑하라 _{신 6:4~5}"

　이 말씀은 《성경》 전체의 핵심이요, 중심 요절이다. 하나님을 사 랑하면 믿음이 단순해진다. 그리고 담대해진다. 왜 그럴까? 내가 하나님만을 사랑하면 하나님도 나를 더욱 가까이 두시고 사랑하시 기 때문이다.

　사랑하는 주님이 나에게 물으시고 거듭 부탁하셨다.

요 21:15~16 그들이 조반 먹은 후에 예수께서 시몬 베드로에게 이르 시되 요한의 아들 시몬아 네가 이 사람들보다 나를 더 사랑하느냐 하 시니 이르되 주님 그러하나이다 내가 주님을 사랑하는 줄 주님께서 아시나이다 이르시되 내 어린 양을 먹이라 하시고 또 두 번째 이르시 되 요한의 아들 시몬아 네가 나를 사랑하느냐 하시니 이르되 주님 그 러하나이다 내가 주님을 사랑하는 줄 주님께서 아시나이다 이르시되 내 양을 치라 하시고

1. 사랑과 두려움

우리 내면에는 사랑과 두려움이 모두 있다. 모든 순간 우리는 사랑과 두려움 중 어느 한쪽을 선택해야 한다. 영혼을 성장시키고, 풍요롭게 하기 위해서는 끊임없이 사랑을 선택해야 한다. 우리는 자신을 사랑으로 채울 때, 두려움을 걷어낼 수 있다. 두려움은 두려워할수록 먹이가 되어 더 커지게 된다. 우리에게 가장 큰 도전은 이 어려움을 이겨내는 일이다. 사랑은 사랑의 마음이 강해질수록 더 많은 사랑을 불러온다.

하나님이 나를 사랑하시는데 겁날 게 무엇이 있겠는가? 하나님을 사랑하면 두려움이 사라지고, 그 자리에 기쁨과 즐거움이 생긴다. 그렇기에 《성경》은 끊임없이 "너의 하나님 여호와를 사랑하라"고 말하는 것이다. 하나님을 사랑하는 것이야말로 모두 두려움을 내쫓아 문제를 해결하고 승리할 수 있는 비결이다.

요일 4:18 사랑 안에 두려움이 없고 온전한 사랑이 두려움을 내쫓나니 두려움에는 형벌이 있음이라 두려워하는 자는 사랑 안에서 온전히 이루지 못하였느니라

2. 수제자에게 던지신 질문

부활 후 주님께서 제자들 앞에 나타나셨다. 예수님을 세 번이나

부인했던 베드로에게 예수님은 세 번이나 동일한 질문을 던졌다.

"시몬아, 네가 나를 사랑하느냐?"

이때 베드로는 기뻐 대답한 것이 아니라 근심하여 답을 했다.

주님께서는 이 시간 우리에게도 물으신다.

"너는 나를 사랑하느냐?" 이 질문에 어떻게 답하겠는가?

이 질문을 던지신 목적은 "내 양을 먹이라"는 예수님의 당부이자 부탁이셨다.

> **요 21:17** 세 번째 이르시되 요한의 아들 시몬아 네가 나를 사랑하느냐 하시니 주께서 세 번째 네가 나를 사랑하느냐 하시므로 베드로가 근심하여 이르되 주님 모든 것을 아시오매 내가 주님을 사랑하는 줄을 주님께서 아시나이다 예수께서 이르시되 내 양을 먹이라

하나님을 위한 성전 건축 예물

성전 건축은 하나님의 큰 공사로, 이 일은 누구나 할 수 있는 게 아니다. 권력과 재물로 되는 일도 아니며, 기술로 되는 일도 아니다. 그러므로 스가랴는 말하기를 "이는 힘으로 되지 아니하며 능력으로 되지 아니하고 오직 나의 영으로 되느니라_{슥 4:6}"라고 했다. 성전 건축

은 너무나 거룩한 일이기 때문에 거룩한 신앙과 하나님에 대한 경외심 없이는 할 수 없는 일이다. 이에 더하여 하나님께서 허락하셔야 할 수 있다. 성전 건축은 다윗이 준비하고, 솔로몬이 완성했다.

> **대상 29:1** 다윗 왕이 온 회중에게 이르되 내 아들 솔로몬이 유일하게 하나님께서 택하신 바 되었으나 아직 어리고 미숙하며 이 공사는 크도다 이 성전은 사람을 위한 것이 아니요 여호와 하나님을 위한 것이라

1. 힘을 다하여

성축을 위한 봉헌은 액수의 많음보다 힘을 다하여 즐거운 마음으로 드려야 한다. 억지로 드리는 헌금은 하나님께 영광이 되지 못하며, 오히려 그분을 근심하게 하는 일밖에 되지 않는다. 성전 건축은 하나님의 영광을 위한 일로서, 인생에서 가장 보람되고 거룩한 일이라 할 수 있다.

> **대상 29:2~3** 내가 이미 내 하나님의 성전을 위하여 힘을 다하여 준비하였나니 곧 기구를 만들 금과 은과 놋과 철과 나무와 또 마노와 가공할 검은 보석과 채석과 다른 모든 보석과 옥돌이 매우 많으며 성전을 위하여 준비한 이 모든 것 외에도 내 마음이 내 하나님의 성전을 사모하므로 내가 사유한 금, 은으로 내 하나님의 성전을 위하여 드렸노니

2. 즐거이

다윗은 성전 건축 준비 시 쓸 예물을 힘을 다하여 준비하고, 모든 가문의 지도자들과 지파와 백성들은 모두 즐거이 드리니 기쁨이 충만하였다. 이러한 기쁨과 즐거움은 하나님을 사랑하는 마음으로 헌물을 바칠 때 온다. 예수님께서는 "주는 것이 받는 것보다 복이 있다_{행 20:35}"고 말씀하셨다. 우리도 하나님의 은혜로써 감화를 받아 헌물을 즐거이 바치는 자가 되어야 한다. 하나님께 받는 기쁨도 크지만, 드리는 기쁨이 훨씬 더 크다.

> **대상 29:6** 이에 모든 가문의 지도자들과 이스라엘 모든 지파의 지도자들과 천부장과 백부장과 왕의 사무관이 다 즐거이 드리되
>
> **대상 29:9** 백성들은 자원하여 드렸으므로 기뻐하였으니 곧 그들이 성심으로 여호와께 자원하여 드렸으므로 다윗 왕도 심히 기뻐하니라

또 다른 100개의 교회를

1. 성도의 궁극적인 목적지

우리 성도의 궁극적인 목적지는 천국이요, 구원의 완성이다. 이 세상은 영구한 도성이 아니다. 구원받을 신자가 천국과 내세에서

영생의 삶을 목적지로 삼지 않는다면, 그러한 삶은 헛수고가 될 것이고, 이 세상에 진정한 안식처는 없을 것이며, 살맛도 느끼지 못할 것이다. 그러나 하나님은 진노 중에라도 긍휼을 잊지 않으신다_{합 3:2}. 그러니 성도들은 절대로 죽음을 두려워하거나 무서워할 필요가 없다. 우리에게는 내세의 천국 본향이 있기 때문이다.

> **딤후 4:18** 주께서 나를 모든 악한 일에서 건져내시고 또 그의 천국에 들어가도록 구원하시리니 그에게 영광이 세세무궁토록 있을지어다 아멘
>
> **히 11:16** 그들이 이제는 더 나은 본향을 사모하니 곧 하늘에 있는 것이라 이러므로 하나님이 그들의 하나님이라 일컬음 받으심을 부끄러워하시 아니하시고 그들을 위하여 한 성을 예비하셨느니라

2. 또 다른 100개의 교회를

나의 세 번째 꿈은 100개의 교회와 신학교를 땅끝까지 세우는 것이었다. 우리 주님은 땅끝까지 이르러 내 증인이 되리라고 말씀하셨다_{행 1:8}. 75세까지 100개의 교회를 전 세계에 세워 이제는 다 이루었다고 생각했다. 그런데 76세 때, 하나님께서는 기도 중 다시 나에게 "또 다른 100개의 교회와 신학교를 세우라"는 말씀을 주셨다.

예! 주님, 순종하겠습니다. 그러나 저의 3가지 기도를 들어주옵

소서. 첫째, 100세까지 병 없이 건강하게 선교를 하게 하옵소서. 둘째, 지금 당면한 쌓인 문제들을 기도하오니 속히 이루어 주옵소서. 셋째, 저에게는 재단법인 대의미션 건물과 약간의 건축 자금만 남아 있을 뿐입니다. 저에게 재정적인 축복을 더 허락하여 주옵소서.

3. 한 교회, 한 새 사람

교회는 하나님으로부터 부름받은 자들의 공동체로서, 헬라어로 '에클레시아'라고 한다. 예수님이 머리되시고 각 지체들이 한 몸을 이룬다. 예수 이름으로 두세 사람이 모인 곳이지만, 사도신경에서 우리의 신앙 고백인 '거룩한 공교회', 즉 우주적인 하나의 교회가 주님의 꿈과 비전이다. 하나님으로부터 부름받은 한 사람 한 사람이 교회이며, 이 교회들이 모여 우주적 교회를 이룰 때 가장 아름다운 교회가 될 것이다.

더 나은 미래의 삶

인생은 누구나 오늘보다 더 나은 미래를 소망하며 산다. 그렇다면 어떻게 해야 더 나은 미래를 이룰 수 있을까? 승리하려면 하나님의 전신갑주를 입고, 영적으로 무장해야 한다.

1. 날마다 승리해야 한다

예수님을 믿음으로써 지난날의 죄를 사함받고, 새 생명을 얻어 날마다 죄와 치열하게 싸워서 승리해야 한다고전 15:57. 신앙생활은 날아가는 비행기와 같다. 계속 날지 않으면 동력이 떨어지는 비행기처럼, 믿음도 계속해서 나아가야 한다. 시작은 미약할지라도 나중의 창대함을 믿으며 영적 승리의 삶을 살아가야 한다.

2. 말씀에 순종해야 한다

의와 도는 기독교 자체를 가리키는 진리이다. 이는 예수님으로 말미암아 사함받은 '십자가의 도[*]'이다. 우리는 이러한 진리대로 순종하며 거룩한 삶을 살아야 한다. 말씀을 듣고 깨달은 사람은 즉시 고쳐야 한다. 지혜로운 사람은 말씀을 듣고 순종하는 사람이다. 그는 환난의 날에 넘어지지 아니한다. 순종이 예배보다 낫고, 하나님의 목소리를 듣는 것_{청종}이 제사보다 낫다.

---

* KJV에서는 'the preaching of the cross', NIV에서는 'the message of the cross'로 번역

3. 절대 진리를 왜곡하지 말아야 한다

개나 돼지는 옛 생활로 돌아가기를 좋아한다. 그러나 인생은 변화되어야 한다. 짐승은 스스로 바꿀 수 없고, 본능에 따라 산다. 우리는 그리스도 안에 있으면 새로운 피조물이 된다고후 5:17, 롬 8:1~4. 우리는 육신을 따르는 데서 나와 영을 따르는 삶을 살아야 한다. 우리 성도들은 받은 구원의 삶을 더욱 성결된 생활로 성화해 가야 한다. 하나님의 말씀이 절대 진리이며, 하나님의 지혜와 십자가의 능력으로 사는 삶이야말로 진정 거룩한 삶이다.

> **고전 1:18** 십자가의 도가 멸망하는 자들에게는 미련한 것이요 구원을 받는 우리에게는 하나님의 능력이라
>
> **엡 4:22~24** 너희는 유혹의 욕심을 따라 썩어져 가는 구습을 따르는 옛 사람을 벗어 버리고 오직 너희의 심령이 새롭게 되어 하나님을 따라 의와 진리의 거룩함으로 지으심을 받은 새 사람을 입으라

4. 하나님의 구속 역사로 재무장해야 한다

아담이 에덴에서 쫓겨난 후창 3장, 세상에 노아의 홍수 심판이 있었고창 7-9장, 소돔과 고모라의 불과 유황 심판도 있었다창 19장. 이제 마지막 때에 하나님은 불로써 심판하실 것이다. 어두운 사회일수록 진리는 왜곡된다. 이 시대에 말씀으로 재무장하여 주님의 재림을

대비하자. 주님이 오실 길을 예비하자. 마라나타!

계 18:8 그러므로 하루 동안에 그 재앙들이 이르리니 곧 사망과 애통함과 흉년이라 그가 또한 불에 살라지리니 그를 심판하시는 주 하나님은 강하신 자이심이라

계 20:12 또 내가 보니 죽은 자들이 큰 자나 작은 자나 그 보좌 앞에 서 있는데 책들이 펴 있고 또 다른 책이 펴졌으니 곧 생명책이라 죽은 자들이 자기 행위를 따라 책들에 기록된 대로 심판을 받으니

계 21:26~27 사람들이 만국의 영광과 존귀를 가지고 그리로 들어가겠고 무엇이든지 속된 것이나 가증한 일 또는 거짓말하는 자는 결코 그리로 들어가지 못하되 오직 어린 양의 생명책에 기록된 자들만 들어가리라

마 3:3 그는 선지자 이사야를 통하여 말씀하신 자라 일렀으되 광야에 외치는 자의 소리가 있어 이르되 너희는 주의 길을 준비하라 그가 오실 길을 곧게 하라 하였느니라

에벤에셀의 하나님

'에벤에셀'이란 히브리어로 '도움의 돌'을 뜻하며, '여호와께서 여기까지 우리를 도우셨다'란 의미이다. 다시 말해 지금까지 자신들

이 여기까지 온 것은 오직 여호와 하나님의 은혜로 이루어진 것이라는 감사의 고백인 것이다.

1. 도움닫기

도움닫기는 기계 체조에서 점프나 구르기 따위의 본격적인 기술을 사용하기 전에 하는 짧은 달리기를 말한다. 경기자의 기록을 월등히 더 좋게 해준다. 이는 높이뛰기, 멀리뛰기, 창던지기 등에서 뛰거나 던지는 힘을 높이기 위하여 꼭 필요하다. 도움닫기는 우리 인생에서 하나님의 도우심과 같다. 도움닫기가 필요 없는 선수는 없을 것이다. 하나님께 항상 도움을 구하자.

시 28:7 여호와는 나의 힘과 나의 방패이시니 내 마음이 그를 의지하여 도움을 얻었도다 그러므로 내 마음이 크게 기뻐하며 내 노래로 그를 찬송하리로다

시 33:20 우리 영혼이 여호와를 바람이여 그는 우리의 도움과 방패시로다

시 46:1 하나님은 우리의 피난처시요 힘이시니 환난 중에 만날 큰 도움이시라

시 63:7 주는 나의 도움이 되셨음이라 내가 주의 날개 그늘에서 즐겁게 부르리이다

2. 열매

우리는 지난 시간을 잘 마무리하고, 각자 살아온 삶을 뒤돌아보며 하나님께 감사하는 마음을 가져야 한다. 세상 사람들은 흔히 "기쁨은 모래에 새기고, 삶의 고통은 돌에 새겨둔다"고 말한다. 하지만 주님을 믿는 우리는 나쁜 일이나 슬픈 일은 모두 잊어버리고 지나온 기간 중 하나님을 기쁘게 한 일과 하나님 나라를 위해 행한 가장 아름다웠던 일만을 기억하면서 하나님께 감사하는 마음을 가져야 한다. 우리들이 괴로운 일은 잊고 은혜받은 일만 생각하며 오롯이 감사해야 하는 이유는, 우리 하나님은 감사하는 자에게 더 큰 감사가 맺히도록 축복을 허락해 주시기 때문이다. 그동안 에벤에

셀 하나님께 감사드리며, 앞으로도 에벤에셀 하나님이 지켜주실 것을 신뢰하며 감개무량한 새날에 감사하자. 우리 삶을 감사함으로 잘 이어가며 감사의 열매를 맺으면 먼 훗날 더욱 하나님의 사랑과 은혜가 충만해질 것이다.

민 6:23~26 아론과 그의 아들들에게 말하여 이르기를 너희는 이스라엘 자손을 위하여 이렇게 축복하여 이르되 여호와는 네게 복을 주시고 너를 지키시기를 원하며 여호와는 그의 얼굴을 네게 비추사 은혜 베푸시기를 원하며 여호와는 그 얼굴을 네게로 향하여 드사 평강 주시기를 원하노라 할지니라 하라

이 땅에 보내신 주의 소명과 비전을 찾아서

우리는 어떻게 하늘 소명을 발견하고, 인생에서 그 꿈을 완수할 수 있을까요? 이 책 안에 한 가정의 꿈_{소명}의 발자취를 담아보았습니다.

에필로그를 읽기 전에 이 책을 이미 보셨다면, 에필로그를 읽은 후 다시 한번 읽어보십시오. 나만의 혼자 꿈이 아닌, 내 가정의 꿈의 발자취를 살펴보십시오. 새로운 그림을 발견하실 겁니다. 그리고 본문의 성경 구절을 작은 소리로 읊조려 보십시오. 하나님의 세미한 음성을 들을지도 모릅니다.

이 책은 꿈과 비전, 즉 소명이란 단어가 키워드입니다. 하늘 소명은 하늘로부터 비롯되었으니 하나님께로부터 받아야 합니다. 이 책 《하늘 소명》은 하나님의 가정과 자녀들이 이 땅에서 인생의 분명한 소명과 목적을 찾고 이룰 수 있도록 인도해 주는 구름판이 되어줄 것입니다.

청년기에는 한 번 사는 인생, 어떻게 해야 잘 살지 많이들 고민합니다. 하늘 소명은 하나님의 꿈을 구하고 찾고 두드리는 데서 출발합니다. 다음 세대의 주인공인 청소년, 청년들이여! 하늘 소명을 꼭 찾으십시오. 시간이 걸리더라도 진정한 가치가 있을 것입니다. 꿈의 주어와 주인이 내가 아닌 주님으로 바뀌면 인생의 새로운 장이 열립니다. 하나님의 꿈을 찾았다면 새 포도주를 새 부대에 담으십시오.

인간은 한 번은 육으로, 한 번은 영으로 두 번 태어난다고 합니다. 거듭난 후에 깨닫게 되는 것이 있습니다. 우리는 이 땅에 잠시 나그네로 보냄을 받았고, 임무^{부르심의 소망, 목적, 꿈, 비전}를 마친 후에는 천국 본향으로 돌아간다는 것입니다. 광야와 같은 이 땅에서 매일의 삶은 우리의 하늘 처소가 되고, 우리의 사역_일은 하나님 나라의 역사로 기록됩니다.

이 책은 다음과 같은 구성으로 만들어졌습니다.

제1장 '꿈과 비전'에서는 하나님의 꿈, 계획, 섭리, 언약의 큰 그림을 그리려 했습니다. 그러기 위해서는 우선 내 꿈을 하나님의 꿈과 일치시키는 과정이 필요합니다. 내 꿈이 없다면 하나님의 꿈을 발견하여 같은 꿈을 품으면 됩니다. 그분의 꿈이 바로 나의 꿈이요, 하늘 소명이기 때문입니다.

하나님께서는 꿈이 있습니다. 그것은 바로 사랑입니다. 그리하여 독생자 예수 그리스도를 이 땅에 보내시어 십자가를 지게 하셨습니다. 아! 십자가! 저는 십자가 체휼을 한 후, 예수 피의 고귀함과 보혈의 능력을 알게 되면서 십자가 사랑과 예수 그리스도께서 지신 십자가는 거저가 아니라는 것을 알고 충격을 받았습니다.

구원은 선물임에 틀림없지만, 거저가 아닙니다. 그리스도의 생명과 우리 죄를 맞바꾼속량 것입니다. 이는 값을 매길 수 없을 만큼 너무나도 고귀합니다. 마치 햇빛이나 공기처럼 모든 인류에게 꼭 필요하지만, 공짜인 것과 같습니다. 그래서 값을 매기기에는 너무 precious하고, 책정할 수 없기에 priceless합니다.

하나님의 소망이 무엇인지 모호하다면, 먼저 그분께 물어보십시오. 그래야 우리가 이 땅에 온 이유와 목적을 분명히, 정확히 알게 됩니다. 나아가 그분과 동행할 때 우리는 그분이 우리를 통해, 우리와 함께 일하심, 도우심, 인도하심, 예비하심을 발견하게 됩니다. 이렇게 매일의 삶과 일과 모든 사역 과정을 함께하시는 하나님을 인지하고 인식하며 살아가는 것은 놀랍고도 어마어마한 축복입니다.

제2장 '푸른 초장과 쉴만한 물가'를 통해서는 늘 함께하시는 사랑의 하나님을 노래하고자 했습니다. 그 크신 하나님의 사랑은 하늘을 두루마리 삼고 바다를 먹물 삼아도 다 쓸 수 없습니다. 하지만 하늘 아버지의 사랑을 깨닫다 보면, 그분을 사랑하다 보면, 그분을 많이 닮다 보면 그분과 하나가 될 수 있다고 봅니다. 하나님이 나의 목자 되시는 경험은 다윗처럼 하나님과 마음이 합한 자가 될 때입니다.

그렇다면 합한 마음은 어떻게 만들어갈 수 있을까요? 내가 주님 안에, 주님이 내 안에 들어오시면 됩니다.

그 한 가지 방법은 내가 주님의 시간 _{여호와의 절기} 안으로, 주님이 내 시간 _{인생} 안으로 들어오시는 것입니다. 하나님은 모세에게 출애굽 준비를 하게 하시면서 첫 유월절을 지키도록 하셨습니다. 그리하여 그 달이 이스라엘 백성에게는 첫 달이 되었습니다. 출애굽과 동시에 하나님은 시간을 새롭게 하시고, 여호와의 절기 _{명절}를 주셨습니다.

모세와 이스라엘 민족은 애굽을 나와 광야생활을 하면서 여호와의 7대 절기인 유월절, 무교절, 초실절, 칠칠절, 나팔절, 대속죄일, 장막절을 소중하게 지켰습니다. 이 모든 절기는 신약의 예언 성취된 예수 그리스도의 초림부터, 앞으로 성취될 재림까지 이어질 구속사와 밀접한 관련이 있습니다. 그리고 이 절기들은 모두 어린 양의 피로 말미암아 얻어진 약속의 땅과 관련이 있습니다.

위 절기들의 유래는 이렇습니다.

유월절은 1월 14일 저녁 애굽의 종살이에서 해방된 날을 기념하여 흠 없는 양이나 송아지로 제사를 드리고, 무교병과 쓴 나물을 먹습니다. 유월절 양의 실체가 되시는 예수님의 피로 죄악 세상의 종살이에서 해방된 날을 기념하는 절기입니다.

무교절은 1월 15일 유월절 다음 날부터 7일간 지키며, 출애굽 당시 애굽을 급히 떠나느라 빵을 발효시킬 시간조차 없었던 데서 비롯하여 누룩 없는 무교병을 만들어 먹습니다. 이를 기념하기 위해 이 시기 동안은 집안 곳곳에서 모든 누룩을 제거합니다. 누룩은 죄에 비유되기에 누룩을 제하는 것은 정결하고 절제된 삶을 상징하며, 무교병은 새로운 삶과 구원을 상징하는 기념물이 됩니다.

초실절은 무교절 기간 중 첫 안식일 다음 날로, 곡식의 첫 이삭을 하나님께 바치는 날입니다. 농경민족이던 유대인들에게 한 해 농사의 시작을 알리는 시기로, 수확의 첫 열매를 하나님께 드리는 데서 유래했습니다. 구속사적으로 이날은 한 알 밀알이 땅에 떨어져 썩듯 예수님께서 십자가에서 돌아가신 날입니다. 예수님은 죽음에서 다시 살아나신 첫 사람, 영원히 다시 죽지 않으시는 부활의 첫 열매 고전 15:20, 즉 초실이며 우리도 그 열매가 됩니다. 첫 열매는 앞으로 추수할 많은 곡식들이 있음을 상징하며, 앞으로 있을 모든 신자들의 부활을 알려주는 전주곡과도 같은 부활의 소망을 상징합니다. 여기까지가 봄 절기입니다.

칠칠절은 홍해를 건넌 후 50일째 되는 날로, 모세가 시내산에서 십계명 토라, 율법을 받은 것을 기념하고, 밀의 첫 수확을 드리며 감사하는 절기입니다. 신약에서는 성령이 임한 성령강림절 오순절이라고도 부릅니다.

나팔절은 유대력 7월 1일로, 아론과 이스라엘 백성들이 우상을 숭배해 십계명 돌판을 깨뜨린 후, 그 죄를 용서받기 위해 모세가 이스라엘 백성들과 단장품을 제하고 회개 기도를 올린 데서 유래합니다. 회개와 경고, 심판을 상징합니다. 이 절기에는 회개의 나팔을 불고, 10일 동안 참회 기간을 갖습니다. 히브리력으로 새해, 유대인의 신년 로쉬 하샤나을 기념하며, 가을 추수 절기의 시작을 알리는 날입니다.

대속죄일은 유대력 7월 10일 용 키푸르로, 하나님께 죄를 용서받고 모세가 두 번째 십계명을 받아서 내려온 날입니다. 대제사장이 지성소에 들어가 죄를 속죄하는데, 금식과 기도를 합니다. 유대교의 가장 큰 절기로, 1년 동안 지은 모든 죄를 용서받고 정결함을 얻는 날입니다.

초막절은 7월 15일부터 7일간입니다. 유대인들이 광야에서 40년 동안 불안정한 이동 생활을 할 때 하나님께서 내내 보호하고 인도하신 장막 생활에 감사하며 초막 임시 장막에서 먹고 지냅니다. 가을 추수가 끝난 후 알곡만을 거두어 창고에 저장하는 시기로 수장절이라고도 합니다.

또 다른 한 가지 방법으로는 내가 주님의 꿈 비전 안으로 들어가고, 주님이 내 꿈 안으로 들어오시도록 하는 것입니다. 이 매개가 바로 조건 없는 사랑 아가페과 믿음과 소망입니다. 그리하여 이 장은 사랑하는 법과 사랑받는 법, 그리고 믿음과 소망을 유지하는 법을 담았습니다.

제3장 '광야에서 만난 하나님!'에서는 믿는 자녀들에게 고난과 역경이 갑자기 닥칠 때 승리하는 비밀을 소개합니다. 광야는 하나님께 순종과 예배와 찬송을 배우는 훈련 장소입니다. 또한 고난을 통해 하나님의 소망 나의 소명을 다시 발견하고, 처음 사랑을 회복하는 장소입니다. 그러하기에 하나님 자녀에게 고난은 재앙이 아닌 기적이요, 고통이 아닌 축복입니다.

이스라엘이 애굽, 바벨론에서 빠져나와 도달한 곳은 광야였습니다. 죽을 것 같이 배고프고 목마르고 죽음의 뱀을 맞닥뜨렸지만, 이때마다 초자연적인 기적, 하나님의 도우심, 공급하심이 이어졌습니다. 만나와 생수, 메추라기를 맛보고 생명의 놋뱀을 바라보아 살게 되었습니다. 하나님께서 베푸신 기적 덕분에 고난을 통과하고 시험을 이기면서 승리의 트로피와 간증이라는 훈장이 생기게 되었습니다.

이처럼 어떠한 환경에서건 오직 하나님을 붙좇는 것이야말로 광야 같은 세상에서 살아남고 나아가 승리하는 비결입니다. 하나님만 구하고 찾으면 됩니다. 믿음의 선진들은 하나님 말씀과 기도로 돌파했습니다. 이를 통해 하나님은 뜻을 드러내시고, 우리가 해야 할 바를 말씀하셨습니다. 이 두 기둥이야말로 우리에게 고난을 파쇄토록 돕는 고난의 길잡이, 소명의 나침판이 됩니다.

고난은 하늘 꿈을 성장하게 만드는 하늘의 거름입니다. 그리고 광야에서 꿈을 이루는 데 있어 필요불가결한 요소입니다. 우리는 광야에서 하늘 소명 꿈을 이루어 가는 동안 이 고난의 정련 과정을 거치게 됩니다. 이때 우리의 육은 십자가의 흔적을 지니게 되며, 그 흔적 사이로 그리스도의 향기가 점점 강하게 뿜어져 나오게 됩니다. 이렇게 해서 우리 영은 다시 오실 예수 그리스도, 신랑을 맞이할 성령의 기름으로 채워지며 성화됩니다.

구약은 신약의 그림자로, 우리의 심령 성전은 출애굽기를 통해 가시화됩니다. 출애굽기에는 성막이 나옵니다. 지성소까지 들어가려면 거쳐야 하는 과정이 있습니다. 제사장은 정결해지도록 물두멍에서 손과 발을 씻고, 번제단에서 제물을 불로 태운 후, 그 피를 가지고 대제사장이 지성소에 들어갑니다. 오늘날 우리에게 적용하자면 지성소하나님의임재에 들어가기 위해서는 물, 불, 피로 정결케 하는 과정이 필요합니다. 우리는 하나님의 말씀인 물로 깨끗이 씻어 회개하고, 악하고 더러운 찌끼사탄의공격는 성령의 불로 소멸하며, 예수의 피로 죄 사함용서받음으로써 거룩한 하나님께 나아갈 수 있습니다. 그리고 이를 통해 성화에서 영화의 단계로 차츰차츰 다가가게 됩니다.

제4장, '또 다른 100개의 교회를'에서는 하나님의 꿈을 위해 이 땅에서 나에게, 여러분에게 주어진, 나만이, 여러분만이 채워 넣을 수 있는 사명의 퍼즐 한 조각을 메우고, 주님이 오실 길을 함께 예비하도록 나팔수가 되고자 했습니다.

우리는 전도와 선교가 주님 오실 길을 예비하는 것이라 알고 있습니다. 맞습니다. 이것이야말로 주님께서 가장 기뻐하시는 일입니다. 그런데 궁극적으로 하나님의 꿈은 창세기 1장부터 요한계시록 끝장까지 말씀하시는 하나님 나라의 회복, 사랑관계의 회복, 통치권의 회복, 복의 회복입니다. 그래서 하늘 소명, 즉 하나님의 큰 꿈은 세대와 세대를 이어가며 완성해야 하는 거대한 꿈입니다. 아브라함 개인이 한 가정을 이루고, 야곱의 가정이 이스라엘 한 나라가 되어, 언약과 기업은 지금까지 계승되고 이어졌습니다. 개인의 부르심의 소망이 한 가정과 교회와 선교단체, 다음 세대의 유업으로 이어지기를 바라며, 대한민국과 이스라엘과 땅 끝까지 확장되어 완성되기를 기원해 봅니다.

모세에게는 여호수아라는 영적 후계자가 있었고, 바울에게는 영적 아들 디모데가 있었으며, 예수님에게는 열두 제자와 70인의 파송된 자들이 있었습니다. 이 장을 다 읽은 후에는 나 홀로 사는 것이 아니라, 하나님의 소망을 그분과 더불어 우리 모두가 함께 이 땅에 심고 키우고 가꾸고 열매 맺기를 바라며, 나의 소명이 당신의 소명임을 깨달았으면 합니다. 그러기 위해서는 하늘 소명의 네트워크를 이루어야 합니다. 하나님의 꿈을 계승하고, 하늘 유업을 빼앗기지 않고 지켜내며, 다음 세대에 전할 수 있는 자가 바로 여러분과 제가 되었으면 합니다. 이 땅에서 후회 없이 우리의 소명, 주님의 꿈을 모두 이루어드리고 어서 주님 오실 길을 함께 예비합시다.

마지막으로 이 책을 통한 작은 바람이 있습니다. 이 책 어느 한 구절이, 레마로 다가오는 성경의 어느 한 구절처럼 누군가에게 기쁨과 위안과 격려와 소망과 믿음과 꿈이 부어지고 피어나기를, 한여름 마시고 싶은 시원한 한 잔의 물이 되기를, 한겨울 추위를 녹이는 따뜻한 모닥불이 되기를 간절히 소망해 봅니다.

- 2025년 추수의 계절을 맞이하며
재단법인 대의미션 이사장 채란

[이사장 프로필]

1964. 건국대학교 경제학과, 전체 수석 입학, 수석 졸업

1984. 건국대학교 대학원 경제학과 경제학 박사

1980. 연세대 경영대학원 최고 경영자 과정

1985. 서울대 경영대학 최고 경영자 과정

2009. 건국대학교 경영학과 명예 경영학 박사

2012. 미주감리교신학대학교 명예 선교학 박사

1966. 삼성그룹 입사(공채 8기)

1981. 대우그룹 아메리카 사장

1985. 대의테크(주) 창업 대표이사

1989. (주)MGS 대표이사

1995~1999. 건국대학교 총동문회 24, 25대 회장

1996. (주)한산 대표이사

2001. 건국대학교 경영대학원 겸임교수 (현)

2003. (주)대의인티어 대표이사

2004. 중국 대의기차부품(연대)유한공사 동사장

2005. (주)선엔지니어링 회장

2006. 건국대학교 기독 총동문회 회장(10. 26. 창립예배)

2007. (주)대의피앤시 회장

2008. (주)대의자원 회장

2008. 대의 상하이엔지니어링 회장

2009. 송파신문 회장

2009. 제남중의주식회사, 상해중의기술연구소, (주)대의디트로이트 회장

2010. 대한민국 국가조찬기도회 이사 및 선교위원장

2016. 대의그룹 회장

2017~2018 대한민국 국가조찬기도회 제9대 회장

2014~2024. 재단법인 대의미션 이사장

2024. 2. 29 별세

저서 및 자료

《미국의 대공황과 뉴딜정책에 관한 연구》, 《한국 현대인물 열전 33선》, 《한국을 빛낸 자랑스런 기업인》, 《우리는 어떤 CEO를 원하는가》, 《새벽기도》, 《까까머리 소년의 세 가지 꿈》, 《주께 하듯 하라》, 《하늘경영》, 《주와 함께 하라》, 《기적의 하늘경영》

언론보도

* 국민일보 '역경의 열매' 22회 연재

* CTS TV: '내가 매일 기쁘게', 'TV 간증 그리아니하실지라도', 'CTS 초대석'

* CGN TV: '유재건의 나의 어머니', '크리스천 CEO를 만나다'

* CBS TV: '새롭게 하소서'

* CBS 라디오: 'CBS 초대석' 방송

* KBS 라디오: '엄길청의 성공시대', '나의 삶 나의 보람', '종교와 인생'

* 매일경제TV: 'TV 컨설팅' 방영

* 극동방송: '김수민의 해피패밀리' 방송

* 조선일보, 중앙일보, 이코노미스트, 헤드라인뉴스 등 다수

수상

한국일보 대한민국 종교 그랑프리 대상: 세계선교기업부문

기독교대한감리회 제28회 자랑스런 감리교인상

제9차 세계복음화협의회 국민대상: 자랑스러운 기업인상 수상

제18대 국회조찬기도회 감사패

2009년 세계평화상 열매상 수상(세계인간문화재) 등 다수

선교 40년 발자취

(1984~2024년 현재 40여개 국, 120개 교회 및 학교 건축)

채의숭 목사와 김효신 목사는 1984년 대한민국 서천 비인교회를 시작으로 스리랑카, 브루나이, 네팔, 보르네오, 캄보디아, 베트남, 미얀마, 라오스, 인도네시아, 중국, 카자흐스탄, 아프리카 브룬디, 키르키스탄, 몽골, 타지키스탄, 말레이시아, 우즈베키스탄, 필리핀, 시에라리온, 일본, 인도, 파푸아뉴기니, 러시아, 미국, 멕시코, 파키스탄, 방글라데시, 태국, 르완다, 아프리카 시에라리온, 차드, 잠비아, 케냐 등 전 세계에 초교파적으로 교회를 세워 나갔다.

서원한 교회와 학교 100개를 40년간 이룬 후 2014년 사재(私財)를 출현하여 재단법인 대의미션을 설립했다. 하나님의 큰 뜻을 펼치는 선교재단이라는 의미

를 담고 있다. 제1대 이사장이신 채의숭 목사는 전 세계에 세 가지 주 사역-교회 건축 사역, 간증 사역, 문서 선교 사역-을 통해 복음 전파에 혼신의 힘을 다하셨다. 앞으로 제2대 이사장인 채란 목사는 이 세 가지 주된 사역과 함께 교육 선교, 치유 선교, 통일 선교 사역을 준비하여 마지막 때에 주님이 오실 길을 예비하고자 한다.

채의숭 목사는 생전에 또 다른 100개의 교회와 학교 건축의 꿈을 서원했는데, 120개를 마지막으로 2024년 봄 천국으로 가셨다. 하지만 그 꿈과 비전은 다음 세대를 통해 계속 진행되고 있다.

하나님을 향한 하루 묵상

하늘 소명

초판 1쇄 인쇄 ｜ 2026년 1월 10일
초판 1쇄 발행 ｜ 2026년 1월 15일

지은이 ｜ 채의숭, 김효신, 채란
펴낸이 ｜ 김진성
펴낸곳 ｜ 벗나래

편　집 ｜ 허강, 김은혜, 이은숙
디자인 ｜ 임정호
관　리 ｜ 정서윤

출판등록 ｜ 2012년 4월 23일 제 2016-000007호
주　　소 ｜ 경기도 수원시 장안구 정조로 1110번길 14-9, 302호(송죽동)
대표전화 ｜ 02. 323. 4421
팩　　스 ｜ 02. 323. 7753
전자우편 ｜ kjs9653@hotmail.com

값 18,000원
ISBN 978-89-97763-70-2(03230)